# 课程思政

## 我们这样设计

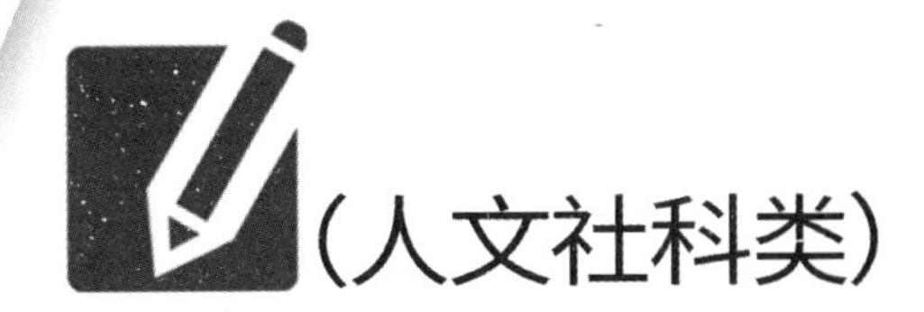


王英龙　曹茂永 | 主　编
刘　玉　李红霞 | 副主编

清华大学出版社
北　京

## 内容简介

为贯彻落实立德树人的教育理念，践行习近平总书记“把思想政治工作贯穿教育教学全过程”的教育方略，齐鲁工业大学通过实施德融课堂，引导广大教师将思政教育有机融入专业课程中。在实施德融课堂的过程中，涌现出大批课程思政教学案例，本书从中选出部分课程集结成册，涵盖工、理、文、经管、法、医、艺等学科门类，涉及机械类、电子信息类、材料类、化学类、环境类、金融学类、工商管理类、设计类等30个专业(类)，所有课程均以学科专业为依托，用科学的方式、充实的德育内容，展示独特的“课程思政”教学设计，将育人理念内化到课程内容、教学方法和考核评价中，不一样的探索和前行均彰显了教师践行教育者的初心和使命。

本书可作为大学教师将思想政治教育融入课堂的参考书。



图书在版编目(CIP)数据

课程思政：我们这样设计/王英龙，曹茂永 主编. —北京：清华大学出版社，2020.5(2020.12重印)
ISBN 978-7-302-55281-9

Ⅰ. ①课… Ⅱ. ①王… ②曹… Ⅲ. ①德育—教学研究—高等学校 Ⅳ. ①G641

中国版本图书馆CIP数据核字(2020)第055246号

责任编辑：崔　伟　高晓晴
封面设计：王　伦　张　啸
版式设计：孔祥峰
责任校对：成凤进
责任印制：从怀宇

出版发行：清华大学出版社
网　　址：http://www.tup.com.cn，http://www.wqbook.com
地　　址：北京清华大学学研大厦A座　　邮　　编：100084
社 总 机：010-62770175　　邮　　购：010-62786544
投稿与读者服务：010-62776969，c-service@tup.tsinghua.edu.cn
质 量 反 馈：010-62772015，zhiliang@tup.tsinghua.edu.cn
印 装 者：小森印刷霸州有限公司
经　　销：全国新华书店
开　　本：170mm×240mm　　印　　张：21.25　　字　　数：217千字
版　　次：2020年7月第1版　　印　　次：2020年12月第4次印刷
定　　价：69.00元(全2册)

产品编号：086957-01

# 前　　言

中国特色社会主义进入了新时代，当代青年承载着实现中华民族伟大复兴的重任。根据学生成长发展的规律，青年学生的三观尚未塑造成型，在如今开放的社会环境中，极易受到各种错误思潮的侵蚀。因此，高校有责任引导学生铸就坚定的理想信念、锤炼高尚的品德，将思想政治工作贯穿人才培养全过程。

党的十八大报告首次提出“把立德树人作为教育的根本任务”。从全国高校思想政治工作会议到全国教育大会，再到学校思想政治理论课教师座谈会，习近平总书记多次围绕立德树人做了相关论述，强调把立德树人的成效作为检验学校一切工作的根本标准，发挥专业教师课程育人的主体作用，使各类课程与思想政治理论课同向同行，形成协同效应。课程思政正是基于党中央对高校思想政治工作高度重视的前提下，推动合力育人的创新模式。

教育不仅是提高社会生产力的一种方法，也是造就全面发展的人的唯一方法。马克思、恩格斯关于人的全面发展的理论构成了课程思政的内在理论根基和根本价值目标。英国教育家赫伯特·斯宾塞指出，物质投入是基本前提，而文化和精神等理念性的因素是决定课程发展质量的灵魂。因此，加强课程内涵建设，理应在课程中注入精神文化与思想动能，而课程思政建设为课程文化发展提供了实践路径，求知的欲望应彻底从学生身上激发出来，教学内容的丰富程度也切实影响着有效教学的实现。

教育部《关于加快建设高水平本科教育全面提高人才培养能力的意见》中提到，在构建全员、全过程、全方位“三全育人”大格局过程中，着力推动高校全面加强课程思政建设，做好整体设计， 根据不同专业人才培养特点和专业能力素质要求，科学合理地设计思想政治教育内容。强化每一位教师的立德树人意识，在每一门课程中有机融入思想政治教育元素，推出一批育人效果显著的精品专业课程，打造一批课程思政示范课堂，选树一批课程思政优秀教师，形成专业课教学与思想政治理论课教学紧密结合、同向同行的育人格局。

为贯彻党的教育方针，将课程思政建设落到实处，山东省高等学校课程思政研究中心于2019年落户齐鲁工业大学(山东省科学院)，组织开展全省课程思政的研究与实践活动。我校认真担负起立德树人的主体责任，自2015年开始实施“德融课堂”工作，成立“德融课堂”工作小组，各单位部门加强对“德融课堂”工作的宣传与策划，把“德融课堂”与“教风、学风、院风”建设结合起来，作为一项战略性任务来抓。明确所有课程的育人责任，推动教师根据不同专业人才培养特点，融入丰富的德育元素，以鲜活的实践案例生动地呈现在课堂中，打造一批精品“德融好课堂”，选树一批“德融教学好教师”，以“润物细无声”的形式浸润学生。根据人才培养的需求，以“立德树人”为核心进行教学设计，结合课程基本情况确定教学目标，优化教学内容，选择合适的教学方法，重构评价体系，通过教学感悟提升教师自身品德修养。经过专家评审，最终精选出优秀的教学设计，按照理工类和人文社科类编订成两册，每册15篇。每一篇教学设计的字里行间都饱含着作者的心血，无不展现了作者投身课程思政建设的专注精神和热情。

参与本书编写的老师有：葛秀丽(生态学)、李秀芳(数字逻辑)、孙华(食品化学)、姜洪雷(环境保护与可持续发展)、张旋(水污染控制工程)、盛莉(电路原理)、王晓芳(高频电子线路)、肖中俊(过程控制)、戴肖南(物理化学)、徐舫舟(模拟电子技术基础)、宋明(工程力学Ⅰ)、王磊(数字图像处理)、周海峰(电化学基础)、刘新利(药事管理学)、王明禄(材料力学)、闫静(经济法)、苗旺(消费者行为学)、王秀丽(管理学原理)、杨旭(文学理论)、马永强(营销策划)、孟光伟(包装设计)、李俞霏(女士形象色彩设计)、李军(效果图技法 I)、朱晓红(企业文化与跨文化管理)、刘美芬(统计学)、宋丽(投资学)、张玮玮(大学英语 I)、吴雪莲(国际经济法)、隋震(概念设计)、张晖(中级财务会计)，排名不分先后。

本书能够顺利出版得力于山东省教育厅领导的大力支持，得力于各位教师的辛勤付出，以及清华大学出版社的大力支持，在此一并表示诚挚的谢意。

编　者

2020 年 2 月于齐鲁工业大学

# 目　录

# 经 济 法

## 一、课程基本情况

“经济法”是金融、保险、国际经济与贸易等经管类专业的专业基础课，在大一第一学期开设，总计32学时，2学分。

本课程主要学习调整经济活动的一系列法律规范，要求学生掌握法学基本原理及各相关部门法的基础知识，学会用所学知识分析、解决实践中的相关问题。使学生具备良好的法律能力，如法律法规检索能力、批判性思维能力、口头与书面的说服能力等；优良的法律品格，即忠于法律、捍卫正义、诚实守信、善良仁爱。围绕本课程展开的德融课堂教育是在教学过程中挖掘课程蕴含的德育价值，进行爱国情怀的夯实、人文素养的熏陶、价值观念的思考、心灵情操的滋养。在实现“重商德、明商规、强商技”的教学目标的同时，实现学生在社会公德、职业道德、个人美德方面的全面提升。

# 二、德融教学设计及内容

在本课程的德融教学过程中，我们确立了“四个原则”“四种途径”“两种方式”“两个目标”。

## （一）“德融课堂”素材的选取——四个原则

“德融课堂”的实现，首先要选取德育素材，为此我们设定了四个原则。一是“关注中国传统文化，不媚外”，选取的素材要让学生了解中国传统法律文化与法律思想，了解中国法治进程的变迁与成就；二是“贴近学生生活，不枯燥”，选取学生学习、生活的小事作为素材，通过身边事分析法理、阐明法义、彰显法律的价值；三是“结合社会热点，不抽象”，通过党的十九大召开、七十年国庆、女排世界杯夺冠等热点事件，树立学生的家国情怀，夯实他们的爱国热情；四是“融合专业知识，不空谈”，选取公司法、合同法相关案例，让学生体会团队协作与合作共赢、团结诚信与平等互利。

## （二）“德融课堂”素材的导入——四种途径

针对不同素材，可以采用不同的导入方式，包括课前直接导入、知识点导入、知识拓展导入、习题导入等。例如，社会热点类素材及特殊的时间节点可以遵循“因事而化”“因时而进”的原则，在课前直接导入；其他直接与专业知识有关的素材，可以在讲解知识点或进行知识拓展及做习题的时候引入，实现课程承载德育，德育寓于课程，以潜移默化的方式达到润物无声的效果。

## (三)“德融课堂”素材的使用——两种方式

由于课时所限，德育素材的使用应以高度凝练、用时较少的教师介绍为主；辅之以气氛热烈、互动充分的师生讨论，并在每学期布置一次“五不”作业。

## (四)“德融课堂”教学目标——两个目标

通过挖掘课程自身蕴涵的德育价值，在知识传授中强调价值引领，在价值传授中凝聚知识底蕴，实现“重商德、明商规、强商技”的教学目标。“重商德”，即要求经管类学生遵循和崇尚诚实守信、公平交易、合作共赢、平等互利等商业道德及商业伦理；“明商规”，即要求学生熟悉商法、经济法相关法律规范，树立法律意识、形成法治思维；“强商技”即要求学生获得诸如商业谈判、合同磋商、团队协作、争议解决等方面的商业职业技能与素养。最终学生在掌握法律专业知识的同时，实现“社会公德、职业道德、个人美德”方面的提升。

# 三、教学方法及手段

## （一）德育素材的选取

### 1. 传统素材——关注中国传统文化

对于没有任何法律基础的新生，在介绍“法的概念”时，我们从“法”的古体字——“灋”入手。灋的右上部分为廌，廌也叫獬豸，是上古时期的神兽，能判断是非曲直。司法官员审理案件存疑不决时，就将獬豸牵出来，它就会用独角顶理亏的一方。《说文解字》中对灋的注解是：灋，刑也。平之如水，从水；廌，所以触不直者去之，从去。**一个“灋”字，蕴含了人类对公平、公正的希望，揭示了法的精髓，彰显了古人的智慧。**希望通过类似的小案例，**让学生树立文化自信、民族自信。**

在介绍完“灋”之后，让学生思考“平之如水”是否就是真正的平等？无差别对待的绝对平等是否就是真正的公平？“军人优先”、医院的“绿色通道”、公共交通设施中的“老弱病残孕专席”是否就是不平等？在这一系列的思考与讨论中进行**批判性思维**的构建，进而**深入理解“公平、公正”的含义，即真正的公平是基于合理的事由的差别对待。**

### 2. 当代素材——贴近学生生活

当代素材的选择要贴近学生生活，有共情、有共鸣，学生才易于接受。例如，在讲合同“因违法而无效”时，我们展示了拍摄于教学楼女厕所门上的广告，包括四六级包过、助考、通过接收器在考场上接收答案、各种考试改成绩之类。师生一起分析这类广告的性质：如果内容虚假，发布者涉嫌诈骗，轻信的学生将会有财产损失；如果内容真实，即便事前签订了合同也属于无效合同，因为替考、作弊都属于违法行为。同时也介绍了我院学生替考，被处以留校察看的案例。让学生明白：**成功没有捷径可走，辛勤的付出、踏实的努力是通往成功的唯一途径**。

## (二) 德育素材的导入

### 1. 课前直接导入

这种方式导入的素材是一些超级社会热点。例如，在给 2017 级学生讲解《公司法》部分内容时，恰逢党的十九大召开，我们在课前介绍了十九大报告中关于企业家精神和创新创业的内容。随后和学生从切身的感触入手，讨论这些年中国取得的成就。

教师可以通过提出问题：“你有没有做过“键盘侠”，不做理智的思考就在网上对国家、政府、政党进行评论，仅仅是为了批判而批判？”“你想要一个公平公正的社会，自己有没有创造过不公？”了解学生的想法和行为。

教师可结合自身经历谈一些感受。例如：“我们曾经驱车从晋陕蒙三省交界处出发，经陕西、山西、河北、山东、江苏、安徽，最终到达浙江杭州的千岛湖。一路行来，无论是黄土高原上贫瘠的山村，还是皖南山区孤单的村落，无论海拔多高、人口多少，每个村几乎都能实现通水、通电、通网络。世界上能有几个国家做到这样？当然我们国家离理想状态还有差距，制度有不完善、官员有贪腐、社会有不公。但是国家一直在努力，也一直在进步。所以**对发展中的中国，我们要有适度的宽容。少做无谓的批判，多做有益的建设**。其实每个人都是价值的创造者、社会的创造者。监考老师严格监考，就是在创造公正、维护公正，学生认真学习、诚信考试，也是在创造公正、维护公正。所以我们希望学生们**从自身做起，想要一个良善的社会，就要付出良善；想要一个公正的社会，就要付出公正**。每个人做好自己的分内之事，恪尽职守就是于人于己最好的贡献。**与其诅咒黑暗，不如点亮灯火**。”

2. 由知识点导入

经济法课程蕴含着大量的德育元素(表 1-1 是《公司法》一章的德育融合点)，通过知识点讲授导入德育素材，是“德融课堂”最主要的方式。例如，讲到“公司的设立”时，股东可以用货币、实物、知识产权等出资。我们介绍了知识产权的概念及表现形式，并且介绍了在知识产权领域取得累累硕果的华为公司。2007 到 2016 年十年间，华为研发投入累计 3130 亿元人民币，在全球同业中占比最高。2017 年华为研发投入 104 亿欧元，位居全球第六，2018 年华为研发投入 113.34 亿欧元，位居全球第五。不懈的智力投资，造就了今天的华为。希望通过这一案例让学生明白：**在所有的投资中，向自己的智力投资是不会亏本的，要坚持不断地对自己的智力进行投资，**

在人生最美好的年华努力拼搏、积极进取。养成良好的学习习惯，将使其终身学习、终身受益。

表 1-1 《公司法》德育融合点

| 知识点 | 德育内容 |
| --- | --- |
| 公司的营利性 | 由公司的社会责任引出个体的社会责任 |
| 注册资本 | 由注册资本门槛降低，引出政府减政放权的改革，希望学生看到政府的努力与进步。引导学生“少抱怨、多干事；少批判、多建设” |
| 出资方式 | 由知识产权出资，引出“学生要持续对自己的智力进行投资，使其终身学习、终身受益” |
| 公司的名称 | 由“上海资本家竞争力顾问有限公司”因名称不当被驳回注册申请，引出“反对低俗化” |
| 董事、高管任职资格 | 由贪利性(贪污、贿赂类)犯罪的行为人任职受限，引出“君子爱财，取之有道”，进而引申出“君子爱名”也要“取之有道” |
| 董事、高管竞业禁止 | 由董事高管的忠实义务，引出要“忠诚于团队，服务于团队” |
| 有限责任公司股权转让 | 由离婚时对一方股权的分割，引出“在婚恋中不攀附、不依靠别人，经济独立、人格独立” |
| 上市公司股票的转让 | 由大学生用学费炒股，亏空后借高利贷导致债台高筑，引出“不加节制的欲望是可怕的，贪婪更会给人毁灭性的打击” |
| 非上市公司 | 由华为与老干妈这两家非上市公司的成就，引出“人生就像赛场，理想不容退场” |

### 3. 由知识拓展导入

知识拓展是指任课教师补充的课本上未提及的一些相关专业内容。讲到“有限责任公司的股权转让”时，我们给学生补充了《最高人民法院婚姻法司法解释(二)》中的相关内容，即夫妻双方离婚时，对于一方在公司中的股权如何进行分割的问题。“家是最小国，国是千万家”，家庭的和谐稳定是社会和谐稳定的基础，大学生处于适婚适恋的年龄，正确的婚恋观是人生观的必要组成部分。

我们结合当时很火的电视剧《我的前半生》的剧情，以及律师实务中接触到的离婚案例，**告诫学生，尤其是女生，在婚恋中要做到经济独立。不攀附别人、不依靠别人**。就像舒婷在《致橡树》中说的，不学攀援的凌霄花，借你的高枝炫耀自己，而是做你近旁的一株木棉，以树的形象和你站在一起。**自立是自信、自强、自尊、自爱的基础**。在此基础上进一步追问学生，独立是不是仅指经济独立？经济独立与人格独立是何关系？要想实现经济独立、人格独立，需要从哪些方面努力，我们现在应该怎么做？让学生体会到，**唯有努力学习，拥有一技之长，才有可能实现经济与人格的双重独立。**

### 4. 由习题导入

“违约责任”这部分课程作业中有一个案例分析题，该习题改编自南京市鼓楼区人民法院 2017 年 11 月 27 日公布的一则真实案例。卖家因为短期内房价大幅上涨而恶意违约，拒不履行合同，最后法院判决卖方继续履行合同且支付违约金。在习题讲解的过程中，与学生讨论，当我们的良知面临金钱的考验时，当放弃诚信、良知能给我们带来巨大的财富时，我们怎么选择。请学生思考**诚信、良知与金钱哪个更重要？**

## （三）德育素材的使用

### 1. 教师介绍

一般来说，德育素材都是老师结合知识点的讲授进行介绍。其优点是耗时较少、高度概括、凝练。缺点是学生参与度不高、积极性不高。

### 2. 师生互动

在讲到《公司法》中“公司的分类”时，公司可分为上市公司和非上市公司。一般来说，上市公司相比非上市公司规模更大、人数更多。我们让学生思考：有没有一个公司，它并未上市，但规模特别大、人数特别多、盈利能力特别强？学生陆陆续续地回答后，最终聚焦于两家公司：“老干妈”和华为。我们选取了“老干妈”进行分组讨论。陶华碧女士42岁开始创业，从街边卖凉粉的小吃摊，到小饭馆，再到现在发展成为年销售额超过40多亿、产品销往50多个国家和地区、直接吸纳4000多人就业、间接带动800万农民致富的著名企业。陶华碧女士坚持着自己独特的经营理念和经营方式，实现了自己最朴素的理想：有华人的地方就有老干妈；我要挣外国人的钱。最后总结：**人生就像赛场，理想不容退场。也希望每一个**

**人都能坚持心中的理想，就像歌中唱的那样“最初的梦想绝对会到达，实现了真的渴望，才能算是到过了天堂。”**

课后，我们要求感兴趣的学生写下这节课的感触，作为**“五不作业”，即不限题目、不限文体、不限字数、不计入成绩、做不做都行**。我们想通过这样的书面作业了解学生，也希望学生通过作业评语了解老师，增加师生间的互动。最后收到了 73 份(共 80 人)纸质版、电子邮件、QQ 留言、微信留言等形式的作业。一名学生留言道，她通过教师评语感觉到老师想要走进她的学习、她的生活、她的心灵。其实，教师一旦抛出真诚的橄榄枝，学生也会敞开心扉，这种师生间走心的交流，对之后的教学大有好处。

## 四、教学效果

随着“德融课堂”的推进，师生关系更加融洽，教师不仅是知识的传授者，更是价值的引领者、心灵的润泽者。这种接地气的、走心的教学方式，让学生逐步从被动的知识接受者，转变为主动的知识探究者，为自己的学业负责，为自己的人生负责。

自“德融课堂”开展以来，经济法课程的综合成绩较以往有所提升，后续国际商法课程的开展也更加顺利。授课教师也连续获得学院“教学评价一等奖”“师德标兵”“教学质量优秀奖”等称号。

# 消费者行为学

## 一、课程基本情况

“消费者行为学”是市场营销等专业的基础必修课，是一门建立在市场营销学、行为科学及管理学等学科基础之上的应用科学，课程 40 学时，2.5 学分，面向大二学生开设。

本课程基于“立德树人”教育目标和“两性一度”金课标准，以学生为中心，帮助学生达成知识、能力和素质的全面提升，尤其是让学生通过接受课程思政教育，在理想、信念、价值观等方面更加端正，提高人文素养、创新精神和合作能力，努力探寻未来发展方向。

## 二、德融教学设计及内容

我们立足消费者行为学课程的教学大纲和课程目标，打造“内外驱动、四维一体”的德融教学体系，从而将思政、德育元素有机融入专业教学。

“内外驱动”一是指引导、激发出学生的内生动力，二是给学生施加积极、适当的外部驱力，从而形成合力的影响。习总书记说过，“要坚持把立德树人作为中心环节，把思想政治工作贯彻教育教学全过程”。因此在专业课中融入思政教育尤为重要，通过内外驱动，帮助同学们建立正确的认知、倾听内在的声音，推动他们主动学习、不断前进。

“四维一体”是指构建融入思政、德育元素的教学体系。我们基于社会主义核心价值观和中华民族优秀传统文化，从理想信念教育(包括爱党、爱国、中国梦)、心理品质教育(包括核心价值观、思辨精神、良善)、道德法制教育(包括孝道、遵纪守法、诚信、社会公德)和努力奋斗教育(吃苦耐劳、奋斗)这样四个主要维度、十二个重要方向，通过数十处思政、德育元素的融入点，贯穿于《消费者行为学》三大板块、十六章教学当中，构建起整门课程的内容体系，具体如表 2-1 所示。

表 2-1 德融教学内容体系

| 章节 | 章节名称 | 思政、德育融入点 |
| --- | --- | --- |
| **1** | **导论** | |
| 1.1 | 消费者与消费者行为 | 通过华为“让世界充满爱”的温暖人心的故事，突出情感营销的作用，并将营销与消费者联系在一起；通过网易考拉全球工厂店传承匠人精神的案例，突出“坚守民族情怀，传承中华匠心”的精神 |
| 1.2 | 研究消费者行为的意义 | 研究消费者行为旨在指导营销实践，而好的营销宣传，不仅对企业意义重大，对国家、政党也具有重要价值。播放 2011 年我国在纽约时代广场投放的《中国国家形象片》，激发同学们的民族自豪感和自信心，也让同学们感受到袁隆平、杨利伟这些优秀中华儿女的事迹和人格魅力，鼓舞大家努力学习、创造价值；引入正确的消费观念，引导大学生量入为出、理性消费，继承和发扬勤俭节约、艰苦奋斗的优良民族文化传统 |
| **2** | **问题认识与信息搜集** | |
| 2.1 | 消费者决策类型 | 通过支付宝广告用情怀、用善意，传递了社会正能量，引发了受众的共鸣，加深了大家对品牌的喜爱和忠诚，以此来总结三种消费者决策类型，并引出品牌忠诚度概念 |
| 2.2 | 问题认识 | 通过淘宝推出亲情账号、中国移动“过年回家，少看手机，多看爸妈”这类暖心的营销案例，探讨如何有效发挥营销的感召作用，激发受众对问题的认识；通过电影《我不是药神》引发人们对健康保险的关注和购买，辅助讲解问题认识这一重要知识点 |
| 2.3 | 信息搜集 | 通过讲述冲动性购买原理，引导大学生应理性消费、体谅父母、树立正确的三观 |

(续表)

| 章节 | 章节名称 | 思政、德育融入点 |
| --- | --- | --- |
| 3 | 评价购买 | |
| 3.1 | 购前评价 | 通过意尔康的品牌广告，以“脚步”为切入点，将其与品牌产品进行强势关联，微小故事中流露出来的不平凡精神与感动，进而不断升华小家到大国、小爱到大爱这一核心内涵，最终在消费者心智中植入更深刻的品牌印象 |
| 3.2 | 购买过程 | 通过中国女排前队长惠若琪的《一颗女排的心》商业广告片，引入消费者对一个品牌的支持态度是怎样投射过来的， 介绍如何通过营销，使消费者选择和购买一个产品或品牌。进而解释为什么中国人对郎平指导和女排队员有强烈的认同感，介绍在困难险阻面前，不屈不挠、顽强拼搏的“女排精神”，并将之升华，体现中国精神 |
| 4 | 购后行为 | |
| 4.1 | 消费者满意与不满 | 解决顾客不满，海底捞做出了一个有力的示范，主动承认错误，赢得谅解，从而将“知错就改，善莫大焉”体现得淋漓尽致；现实中一些企业忽视法律和职业道德，不顾顾客与社会的利益，课堂上讨论三鹿奶粉三聚氰胺等事件，带领学生思考企业该如何树立正确的营销观念，个人又该承担哪些社会责任、树立职业道德 |
| 4.2 | 品牌忠诚 | 通过农夫山泉 20 年坚持靠品质维系顾客对品牌的忠诚度的案例，引申出对规则、细节的默默坚持和高标准的要求，对企业、对品牌，乃至对于个人未来的发展都是至关重要的 |
| 5 | 消费者的资源 | |
| 5.1 | 消费者的经济资源 | 在讲解消费者的经济资源时，引入习总书记“中国的发展成就是中国人民用自己的双手创造的，是一代又一代中国人顽强拼搏、接力奋斗创造的”重要理念，引导同学们树立正确的财富观念 |

(续表)

| 章节 | 章节名称 | 思政、德育融入点 |
|---|---|---|
| 5.2 | 消费者的时间 | 通过方太水槽洗碗机广告，讲解方太与更多品牌一起，为妈妈创造更多的时间，实现妈妈的梦想，从而为顾客提供更高感知价值；外卖的兴起是因为帮助消费者节省时间，通过课堂辩论外卖小哥送餐迟到，顾客是否应该投诉这样的话题，建议同学们对他人、特别是城市里辛苦打拼的劳动者多一分宽容和体量，这是当今社会需要的公民素养 |
| **6** | **消费者的购买动机** | |
| 6.1 | 消费者的需要与动机 | 新时代的消费者具有对安全、健康产品的消费需求，因此企业需要秉持环保、天然、健康的理念，诚信经营、造福消费者；运用好欢螺螺蛳粉的案例，讲解必须善用动机的学习性原理，换位思考，才能正确理解别人，实现有效沟通 |
| 6.2 | 早期动机理论 | 通过宝洁每逢奥运会推出的“Thank You Mum”广告案例，引入孩子对妈妈的本能依赖，辅助讲解本能说，同时也从亲情、感恩的角度，跟同学们聊聊父母、成长，建议同学们多给父母打电话、发微信，多关爱他们 |
| 6.3 | 现代动机理论 | 通过泰国人寿广告案例，传递善待他人的重要性，辅助讲解爱与归属的需要、自我实现的需要；通过对马斯洛需要层次理论的讲解，探讨人的高层次需要就是追求幸福、实现自身价值，进而引入习总书记“中国共产党人的初心和使命，就是为中国人民谋幸福，为中华民族谋复兴”这一重要理念 |
| 6.4 | 动机与营销策略 | 通过豪车、名贵时装等产品的营销案例，探讨奢侈品对于年轻人的正反两方面的影响，引导同学们理性看待这些高档消费，不要在过度追求物质主义中迷失自我 |

(续表)

| 章节 | 章节名称 | 思政、德育融入点 |
| --- | --- | --- |
| **7** | **消费者的知觉** | |
| 7.1 | 消费者的知觉 | 对比中美两支百事可乐的广告引入知觉的基本认识；传统文化中盲人摸象典故辅助讲解知觉概念；以“校园贷”、某品牌侮辱中国的筷子文化等反面案例，辅助讲解知觉特性 |
| 7.2 | 消费者的知觉过程 | 通过农夫山泉西藏地区业务代表踏实奋斗的故事，讲解如何运用知觉的整体性来讲好品牌故事，同时引入习总书记“幸福都是奋斗出来的”重要理念；通过华为品牌建设典型案例，讲解企业通过技术创新做出好的产品，通过营销宣传正能量，从而获得消费者的认同和忠诚，使品牌形象深入人心，实现了品牌梦、中国梦 |
| **8** | **消费者学习与记忆** | |
| 8.1 | 消费者学习概述 | 通过习总书记“青年人正处于学习的黄金时期，应该把学习作为首要任务，作为一种责任、一种精神追求、一种生活方式，树立梦想从学习开始、事业靠本领成就的观念，让勤奋学习成为青春远航的动力，让增长本领成为青春搏击的能量”的重要论述，辅助讲解如何掌握消费者的学习过程与记忆方法，进而根据其记忆做出有效营销策略 |
| 8.2 | 学习的基本特性 | 通过脑白金情感刺激的广告能使消费者印象深刻，讲解刺激的泛化和辨别，同时再结合《Family》公益广告，引申对于家庭亲情、感恩意识的讨论；00后年轻人、特别是有些男同学，平时与父亲交流较少，结合课堂调查，给同学们一些亲子之间沟通的建议 |
| 8.3 | 消费者记忆与遗忘 | 通过顾家家居“千万顾家，感恩中国”广告案例，讲解如何运用消费者记忆系统与机制进行怀旧营销，并据此引申，感召、深化同学们的家国情怀 |

(续表)

| 章节 | 章节名称 | 思政、德育融入点 |
|---|---|---|
| **9** | **消费者态度的形成与改变** | |
| 9.1 | 消费者态度概述 | 通过999感冒灵《总有人偷偷爱着你》的广告案例，致敬生活中那些平凡的小温暖，传递社会正能量，探讨人与人之间相互体谅、给予善意和支持的重要性，进而引出消费者态度的概念和内涵 |
| 9.2 | 消费者态度形成的理论 | 通过加多宝年度广告宣传片，介绍其“传承王泽邦清朝道光年间配方”这一成功秘诀，引入消费者态度形成的理论，进而渗透传承精神和匠人文化的重要性 |
| **10** | **消费者的个性、自我概念与生活方式** | |
| 10.1 | 消费者的个性 | 通过讲述乔布斯追求卓越、富有工匠精神从而成就苹果品牌个性的案例，引入个性相关概念；运用Keep“怕，你就对了”广告案例辅助讲解品牌个性含义，通过Keep“自律给我自由”的品牌主张，引导同学们培养持之以恒的自律、坚持、努力的精神 |
| 10.2 | 消费者的自我概念 | 通过尼采的名言“每个人都有自己独特的个性，要正确认识自我”引入自我概念，带领同学们讨论如何对自己建立清醒的认知，以及如何发展思辨精神，进而讲解自我概念的类型、测量，自我概念与产品的象征性等内容 |
| 10.3 | 消费者的生活方式 | 通过与同学们讨论“现代人的生活方式”，进而讲述生活方式的测量以及VALS生活方式分类法，同时引领同学们思考自己理想的生活方式，以及达成目标需要的行动轨迹 |
| **11** | **文化与消费者购买行为** | |
| 11.1 | 文化概述 | 通过概述中华民族传统文化脉络及当前国家“一带一路”倡议，强化同学们对文化多样性和文化交流重要性的认识，辅助讲解文化的含义、特点，以及亚文化 |

（续表）

| 章节 | 章节名称 | 思政、德育融入点 |
| --- | --- | --- |
| 11.2 | 中国文化及对消费者的影响 | 结合新中国成立 70 周年系列活动和西安交大师生共唱《歌唱祖国》快闪视频，引入同学们对于大国意识、国家情怀、民族自豪感的整体感知，进而讲解中国文化的形成基础、中国文化的主要特点 |
| 11.3 | 消费者的文化价值观 | 通过探讨中国式消费引出文化价值观的含义与测量方式；通过可口可乐传递节约水资源的文化价值观阐述与消费相关的文化价值观；运用《致匠心》、大国工匠、海底捞案例和企业文化价值观与营销关系的讨论，辅助讲解文化价值观在营销中的运用 |
| **12** | **社会阶层与消费者购买行为** | |
| 12.1 | 社会阶层概述 | 利用招商银行番茄炒蛋的广告案例引出社会阶层概念，进而探讨家人的意义；通过《人民的名义》反腐实践案例，进一步说明社会文化的特征，以及社会阶层的决定因素 |
| 12.2 | 社会阶层的划分 | 通过袁隆平院士勤俭节约的生活作风及“钱不是衡量地位身价的标尺”论断，引入两种划分方法：单一指标法、综合指标法 |
| 12.3 | 社会阶层与消费 | 揭秘校园贷骗局，提醒同学们避免过度炫耀性消费、保护好自己；通过老年人参加旅行团、购买保健品被骗案例讲解补偿性消费，进而提醒同学们多多关爱家里的老人、多给亲人普及知识，提高防范意识 |
| **13** | **社会群体与消费者购买行为** | |
| 13.1 | 社会群体概述 | 通过特仑苏“最好的 2019”广告中关于“更好地成长、更好的爱自己、更好的更大的家、更多的个体理应承担的社会责任”等方面的探讨，引出社会群体的概念及类型，进而带领同学们探讨一个人该具有什么样的社会公德、该承担什么样的社会责任 |

(续表)

| 章节 | 章节名称 | 思政、德育融入点 |
|---|---|---|
| 13.2 | 参照群体对购买行为的影响 | 通过科颜氏携手奥运冠军马龙为乡村留守儿童做公益的案例，讲解参照群体的类型及其影响方式，引出决定参照群体影响强度的因素及参照群体概念在营销中的运用 |
| 13.3 | 群体压力与从众 | 通过格力大松电饭煲广告中董明珠讲述“国人到国外哄抢电饭煲，是因为对中国造的产品信心不足”，引入从众心理及其原因，讲解影响从众的因素，进而延伸出对“中国制造 2025”规划、知困当自强、制造业兴国的讨论和思考 |
| **14** | **家庭与消费者购买行为** | |
| 14.1 | 家庭与住户 | 通过泰国保险广告中一位对女儿一诺千金的父亲的暖心故事，引入了家庭与住户的含义、家庭的功能等概念的讲解 |
| 14.2 | 家庭购买决策 | 通过飞鹤奶粉广告案例，探讨家人之间相互陪伴的重要性，辅助讲解家庭购买决策方式、影响家庭购买决策方式的因素，以及孩子在家庭购买决策中的作用 |
| **15** | **口传、流行与创新扩散** | |
| 15.1 | 口传 | 通过“涪陵榨菜”事件讲解口传的概念，引出了口传的重要性及产生的原因、口传网络模型；通过小熊电器《生活复兴》广告片，体现积极向上的生活态度，引出意见领袖、意见领袖与营销策略、网络口传等概念 |
| 15.2 | 意见领袖 | 央视主持人白岩松作为意见领袖，所秉持的思辨精神、良知、为弱势群体发声等，值得同学们学习借鉴 |
| **16** | **情景与消费者购买行为** | |
| 16.1 | 消费者情景及分类 | 通过引入宜家广告片“妈妈的早餐”辅助讲解消费者情境；通过引入胖东来百货提供超出消费者期望的服务，讲解企业如何通过优质服务提高顾客满意度，向同学们引申出应该形成精益求精、追求卓越的工作和学习态度 |

(续表)

| 章节 | 章节名称 | 思政、德育融入点 |
|---|---|---|
| 16.2 | 情景特征与消费者行为 | 通过吉尼斯(Guinness)啤酒广告营销诠释何为兄弟、何为真朋友，从而传递正能量，引领同学们认识到团队协作的重要性，进而布置课后延伸学习任务，请同学们通过自主学习，提高自身沟通交流和团队合作能力 |

## 三、教学方法及手段

课程基于“以学生为中心”的课堂教学原则，注重学用结合，综合运用信息化等教学方法和手段，通过课前、课中和课后三个环节，由浅入深、逐层递进，使学生将前后知识融会贯通，在理解、消化、吸收的基础上达到灵活运用。具体是以 BOPPPS 模式[①]来展开导入、前测、参与式学习、后测、总结拓展等各环节的教学，综合运用案例分析、小组讨论、情景模拟、辩论讨论等教学方法，使用视频、图片、音频、文字材料等辅助手段，将思政、德育元素有机融入课堂教学，避免生搬硬套，力求“春风化雨”。

例如在第 7 章“消费者的知觉”部分，就有多处德育元素的自然融入。首先，使用传统文化中的盲人摸象典故，来阐释感觉和知觉这一组相对的概念。其次，在讲解知觉特性中的理解性时，会做这样的引申：今天是全球化时代，企业做营销、做品牌，无法避免

[①] BOPPPS 模式，是指根据导言(bridge in)、目标(objective)、前测(pre-assessment)、参与式学习(participatory learning)、后测(post-assessment)和总结(summary)几个教学环节，组织起来的课堂教学方法，有利于激发学生的好奇心，增加课程参与度、提高教学和学习效果。

的就是东西方文化差异，文化天然的会有差异，正确的姿态该是什么，应该是尊重，是尝试理解，是寻求适应对不对？如果不这样做呢？曾经某国外所谓奢侈品品牌侮辱我们的筷子文化，结果如何呢？中国人很生气，后果很严重，就像共青团中央微博上所说：我们欢迎外国企业来华投资兴业，同时在华经营的外国企业也应当尊重中国，尊重中国人民，这是任何企业到其他国家投资兴业、开展合作最起码的遵循，类似这样自取其辱的反面事件，做营销时一定要牢记，要避免。最后，在这节课的理论应用环节，通过农夫山泉案例，来讲解企业如何根据知觉的整体性原理，通过讲好品牌故事推进品牌建设。农夫山泉在品牌形象宣传片里讲过一位普普通通、淳朴憨厚的业务代表的故事：这瓶水从长白山运到拉萨三千公里，最后一公里是这位尼玛多吉完成的。“标准门”事件后这位大哥说他二十多年第一次哭，心里着急，这其实是一种对自己企业的认同感、责任感和使命感。他可能并不是今天标准意义上特别成功的人，没有挣多大的钱有多大的权，但是他说“我要给小孩做个榜样，爸爸的公司就是这样的，我也是大自然的搬运工。”这句话很朴素，但是很深刻，就像习总书记所说的“幸福都是奋斗出来的”，幸福感的获得可能最根本的不在于有多少钱，而是内心的安定和快乐，同学们通过努力学习、努力工作，未来就能撑起一个家，创造幸福生活。因为非常的真实，让人认同，甚至有所感召，消费者也会对这种温暖产生好感，进而投射到农夫山泉这个品牌上，对这个品牌更加认同，这就是讲好品牌故事的价值。

# 四、教学效果

课程建设富有成效，教学质量评价优秀。从具体教学实践来看，课堂气氛热烈融洽，学生学习热情高涨，课程成绩得以提升，教学效果反馈理想。学生评教居全院课程前 1%，学校评教居全校前列，获山东省首批一流本科课程认定、获山东省高校教学比赛一等奖表彰，课程教学得到了从学生到学校，以及专家的一致认可。

“课程思政”建设成为学校典型案例。课程教师作为学校代表，在全省高校课程思政教学研讨会上讲授示范课，赴兄弟院校举办讲座，参与录制《课程思政：我们这样做》网络在线课程，相关工作得到了《齐鲁晚报》等官方媒体的报道(见图 2-1)，在较大范围内发挥了引领带动作用。

学生的认同度提高，同学们更加愿意与老师沟通交流。教师注重课堂内外通过多种途径与同学沟通交流，以平和、对等的姿态倾听同学心声，适当引导和鼓励。有的同学在坚持打卡学习一百多天后说：“老师说过自律给我们自由，这是我二十多年来第一次每天坚持做一件事情，终于达成了目标。”有的同学在课后跟老师深聊他与父亲的种种过往，后来发微信说：“老师，今天还挺感谢你的，我已经很久没有这样说过话了。”老师对于学生而言，应该像是一种“港湾”的存在，或许无法直接赋予学生许多现实的东西，但我们可以倾听，可以在学生需要的时候，从老师这里获得温暖的慰藉和支持的力量。

A08 齐鲁晚报 齐鲁学堂 2019年5月13日 星期一
编辑 穆静 组版 陈利民

# 引入思政教育，专业课“有滋有味”

## 齐鲁工业大学(山东省科学院)开展“德融课堂”，实行师德一票否决制

**近日，山东省高校课程思政研讨会在齐鲁工业大学(山东省科学院)举行，来自省内50余所本科高校相关代表参加了会议。省教育厅副厅长关延平表示，好的思想政治教育应该像盐，将盐溶解到各种食物中自然而然地吸收，专业课程才更富“情调”、更添“色彩”。记者了解到，近年来，齐鲁工业大学(山东省科学院)推行德融课堂，在专业课程当中融入德育元素，并实行师德一票否决制。**

本报记者 郭立伟

### “好的思政教育就像盐”

“好的思想政治教育应该像盐，身体缺盐就要补充盐，但不能张开嘴直接吃盐，而要将盐溶解到各种食物中自然而然地吸收，这样思想政治教育才能有效渗透进学生成长的全过程，真正起到春风化雨，润物细无声的效果。”

5月10日至11日，山东省高校课程思政研讨会在齐鲁工业大学(山东省科学院)举行，省教育厅副厅长关延平的一席话，引起现场共鸣。“也正因为有了盐的调剂，专业课程才更富‘情调’，更添‘色彩’，学生的知识大餐才更有味道、更有营养。”

在会议致辞中，关延平肯定了齐鲁工业大学(山东省科学院)在推动专业课与思政教育有机融合和加强思想政治教育方面作出的有益探索。

齐鲁工业大学(山东省科学院)的专业教师，主动将思想政治教育作为主业，不仅“授业”“解惑”，更善于“传道”，当学生思想的指路人，挖掘每门专业课程自身蕴含的德育元素。课堂观摩中，记者发现，机械与汽车工程学院教师宋明将材料力学与课程思政相融合；电气工程与自动化学院的盛莉电路原理课也能讲出思政教育味道，让人大开眼界。

根据要求，高等学校要把立德树人作为中心环节，全体教育工作者都要“守好一段渠、种好责任田”，把思想政治工作贯穿教育教学全过程，切实实现全员育人、全过程育人、全方位育人的大格局。

### 德融课堂实行师德一票否决制

为加强德育内容与学科专业课融合渗透，引导教师进行课程德育，早在2015年7月，齐鲁工业大学党委便制定了《齐鲁工业大学关于落实立德树人要求 开展“德融课堂”工作的意见》、《齐鲁工业大学“德融课堂”实施方案》等指导性文件。“学校把教师‘德融课堂’情况纳入教师德育业绩考核，实行师德一票否决。”齐鲁工业大学(山东省科学院)党委书记王英龙说。

苗旺在讲课 本报记者 冯沛然 摄

齐鲁工业大学(山东省科学院)教务处处长刘玉介绍，所谓德融课堂，就是在专业课程当中，融入德育元素，把马克思主义的立场、观念、方法，融入到专业课程当中，实现全员、全方位、全过程育人。

自2016年始，学校成立“德融课堂”工作领导小组，邀请专家组以审阅教案材料、追踪课堂、听取课程分析、学生反馈等方式，逐层评审出“德融教学”好教案、好课堂、好教师。

截至目前，共评选出181个“德融教学”好教案，60个“德融教学”好课堂，26个“德融教学”好教师，以学校发文的形式予以表彰；汇编形成优秀教学案例2册；部分好课堂进行了微课的录制，建成好课堂微课系列教学视频。

王英龙介绍，通过评选一批“德融教学”好教案、一批“德融教学”好课堂，认定一批“德融教学”好教师，推广经验，树立典型，完善考核，把德融课堂情况纳入教师德育业绩考核，进一步提升立德树人水平；通过实施“德融课堂”，推动教风、学风建设，进一步提高育人质量。

### 寻找思政元素和专业课的融合点是关键

“即使你只是一个搬运工，只要你努力奋斗，就能获得内心的安定与幸福。幸福是奋斗出来的，这就是这个品牌建设能够深入人心的重要原因。”如果不仔细听完这堂课，学生可能以为这只是一个单纯的感人故事。

而实际上，这是齐鲁工业大学(山东省科学院)消费者行为学的课堂，管理学院教师苗旺在讲消费者知觉整体性的原理时，通过引入一个感人案例，用春风化雨的方式，引导学生培养正常的消费行为的同时，进行正能量教育。

“现在的大学生，对未来发展是存在很多困惑的，需要大学老师进行引导。在专业课中融入课程思政的理念，可以实现立体全方面的育人效果。”苗旺说。

苗旺通过引用大学生身边的人和事，契合大学生的话语体系，将课程思政达到了润物细无声的效果，“在这其中，关键是要寻找思政元素和专业课程的融合点，用有正能量和启发性的问题，在人生观、价值观方面进行引导，包括心理素质教育等。”

图 2-1 《齐鲁晚报》的报道

# 管理学原理

## 一、课程基本情况

### （一）课程性质

“管理学原理”是为行政管理专业本科生开设的专业基础课，本课程为 56 学时，开设时间是本科大二上学期，是其他行政管理类专业课程的前导必修课程。

### （二）课程目标

本课程主要教学目标在于通过管理的基本原理和方法的学习，培养学生初步具备解决一般管理问题的能力，提高基层管理技能和综合管理素质，为以后学习其他专业管理课程打下理论基础。依据本课程开设的德融课堂教育，其主要目标在于通过介绍中国传统文化中蕴藏的管理理论和实践，提高学生的家国情怀和文化自信；通过管理学相关原理的学习，引导学生认知社会科学学习中的科学精神和思维规律；通过决策、组织、领导和控制等管理职能的学习，引导学生提高自身道德素养，建立正确的价值观和行为规范。

### （三）课程体系

本课程主要包括六部分内容：管理思想和基本原理、决策、组织、领导、控制和创新职能。本课程的主体就是以管理职能为框架，分别介绍该职能的含义是什么，该职能与其他职能的关系，其目的和特点是什么，履行该职能的原则、程序、方法有哪些等。这些职能的相关理论综合起来，就形成了管理学的基本原理和方法。

## 二、德融教学设计及内容

管理学原理，就是在整个管理目标实现过程中，无数的管理思想家和实践者对管理者要做什么、为什么去做，以及怎么做，所总结、归纳、抽象和概括出的系统科学的基本原理。而这些纷繁复杂的科学原理，不仅是管理者从事管理活动的理论基础，其中更是蕴含了诸多做人做事的基本道理和原则。如何把这些管理学的基本原理与大学生成长过程中的自我认知和自我管理结合起来，也就成为德融课堂教育的契机和基本目标。

## (一) 德融教学系统设计

根据德融课堂的基本要求，充分考虑专业课程和学生自身特点等因素，本课程的德融教学系统设计，有效实现了德育内容与专业知识的自然、科学、紧密融合。具体设计主要包含以下四大体系：

### 1. 家国情怀和文化自信教育

家国情怀是中华优秀传统文化的精髓，是中华儿女对传统文化的认同传承、对家国民族的责任担当；是一个人对自己国家和人民所表现出来的深情大爱，更是对自己国家的一种高度认同感和归属感、责任感和使命感。另外，从专业角度看，行政管理专业的多数学生未来将在政府机关、企事业单位从事相关管理工作，与国家的进步、民族的复兴息息相关，因此，“天下兴亡、匹夫有责”，作为行政管理专业的学生更应该具有强烈的家国情怀与责任担当意识。

### 2. 科学精神和逻辑思维教育

从学科的角度看，管理学原理虽然是一门社会科学，但学习和研究社会科学依然要有科学精神和科学态度。目前存在不少学生轻视社会科学，对自己的文科专业和课程不够重视的现象，觉得行政管理是“万金油”，并没什么科学规律可循，谁都能干，这势必影响学生对本专业的自信和学习的积极性。另外，还存在部分学生面对文科专业庞杂的理论知识，思维方法受限，不知如何学习消化和吸收。

#### 3. 大学生道德和素质教育

当代大学生是国家和民族的希望，不仅要拥有健康的体魄，掌握丰富的科学知识，还要有良好的道德修养。因此，本课程结合关于管理者的道德观和素质要求等相关知识的讲解，重点对大学生进行道德观和素质教育。要形成良好的道德品质，首先要唤起大学生提高个人道德修养的自觉性；其次要鼓励他们借鉴历史上思想家们所提出的各种积极有效的道德修养方法，同时结合当今社会发展需要和实践经验，以此提高自身道德修养和素质；最后要引导学生着重培养高尚的道德情操、健康的心理素质和系统的专业素质。

#### 4. 大学生价值观和行为引导教育

大学生的价值观是决定大学生行为的心理基础。只有树立正确的世界观，有正确的价值取向，积极乐观的人生态度，才能在为国家和社会做贡献的过程中提升生命的价值。本课程德融教学是在社会主义核心价值观和有效管理过程的基本规律、原则方法学习的基础上，帮助学生建立正确的价值观，并引导大学生培养正确的行为规范。

### （二）德融教学具体内容

根据上述四大体系的德融教学系统设计，本课程紧密联系各个章节的专业理论知识，以案例讲解和理论分析的形式，形成了以下相关德融课堂专题内容：

在第一章讲解学习管理学的意义时，对学生进行了家国情怀教育，从促进国家进步的角度帮助学生理解学习管理学的重要性。一是引导学生继承弘扬“以民为本”与“天下为公”的优秀传统；二是引导学生强化责任担当意识，勇于承担起时代所赋予的历史使命和责任；三是引导学生大力弘扬传统文化，强化中华民族的文化凝聚力，最终实现中华民族的伟大复兴。

在第二章讲述管理思想发展史时，通过深入讲解中国古代管理思想的璀璨文明，引导学生培养民族自豪感。中国古代的管理思想极为丰富，春秋时期可以说是中国古代文明的鼎盛时期，各种管理思想也出现了百家争鸣的局面，在课堂讲解中主要以其中的儒、法、道三家为代表进行分析，帮助学生深刻体会古代管理思想中的治国之道、为君之方、做吏之规。

在第三章讲述管理的基本原理时，引导学生建立科学的思维方法。一是利用系统原理，引导学生以国家整体利益为重，任何局部利益都应该服从国家整体需要；二是利用人本原理，引导学生真正学会尊重人和依靠人，只有这样才能建立良好的人际关系。

在第四章讲述管理道德和社会责任时，通过各种管理道德观的理论介绍，引导学生建立正确的道德观和社会责任感。通过案例和理论讲解帮助学生自觉向道德模范学习，同时还必须建立强烈的时代责任感，传承历史，开创未来，担当起建设中国特色社会主义的重任。

在第五章管理基本方法和第六章管理决策职能的讲解中，结合管理学学习中应该采取的科学方法和管理决策的相关方法，引导学生树立社会科学研究所必需的科学精神和科学态度，以及引导学生如何在日常生活和决策过程中有效利用相关的决策方法做出正确的行为决策。

在第七章、第八章关于管理计划职能的学习中，引导学生重视和实行学习生涯规划，同时重视目标管理思想对大学生学习和生活的重要意义。引导学生在制定学习生涯规划的过程中，应该设立明确的目标。目标能够产生积极的心态，目标能够给人一个看得见的彼岸，给人实现它时的成就感，人的心态也会向着更积极主动的方向转变。

在第九章组织设计学习中，重视家国情怀的教育，带领学生深入认识当前国家各级行政机关具体的组织结构及其权力关系，能够激发行政管理专业学生未来进入国家各级行政机构工作的热情和信心。

在第十章关于管理人员素质的讲解中，引导学生明确作为一名卓越优秀的管理者的基本要求和素质，并在学习过程中，不断充实和修炼自己，为未来走上工作岗位做好相应的准备。

在第十一章关于非正式组织的讲解中，引导学生正确利用非正式组织对大学正式组织所起到的正面促进作用，也应该认识到非正式组织可能存在的负面效应，尽量避免非正式组织对自己生活和学习所造成的阻碍和负面影响。

在第十二章关于组织变革和组织文化的讲解中，引导学生重视文化对于国家和组织的重要性，并引导学生弘扬传统文化，凝聚民族之魂，建立文化自信。

在第十三、十四、十五章关于领导、激励和沟通职能的讲解中，对大学生的价值观和行为进行了积极引导，引导大学生学习培养自身的领导力，实现对自身角色的正确认知并对自己进行有效的自我激励。一是引导学生加强自身的人格修养，增强自己的人格魅力，从而提高自己的领导素质；二是引导学生实现自我认知和自我激励，进一步激发学生的学习动机，磨炼思想情感，学会面对挫折，培养良好的性格特征。

## 三、教学方法及手段

在本课程的德融课堂教学过程中，根据教学内容的不同，综合采用了多种教学方法，以提高教学质量，更好地完成德融课堂的教学任务。这些方法主要有：

### （一）启发式教学法

本课程教学过程中经常运用启发式教学法，让学生自动代入管理者的角色，启发学生感受和分析在日常的学习和生活中，如何利用管理学原理建立正确的学习目标，并进行正确的决策。

## （二）案例教学法

该课程广泛采用案例教学法，基本上每一章内容都设置相关案例让学生进行分析讨论。特别是在管理文化和管理道德学习中，辅助相关的英雄模范故事和案例，引导学生建立强烈的时代责任感，从而建立崇高的家国情怀和文化自信。

## （三）情景教学法

教学过程中结合所学内容适当开展情景模拟训练，让学生在模拟的管理情景里，深入分析如何发现问题和解决问题。情景教学方法使学生锻炼和提高了各项专业技能，同时培养了社会科学学习中所必需的科学精神和逻辑思维能力。

## （四）讨论式教学法

教学过程中经常结合课程内容开展主题讨论，可以培养学生的独立思考能力和创新精神，同时加深了学生对自身价值观和道德素养的认知，进一步提高学生的行为规范。

## （五）换位授课法

课程讲授过程中，个别章节教师可以与学生换位，让学生来讲解。这种教学方法充分调动了学生的积极性，使学生从机械地听记变为自觉探索与思考，能够帮助学生建立更好的思维方法和学习习惯。

# 四、教学效果

## (一) 教师德融教学目标实现情况

在德融课堂教学中，教师通过合理运用多种教学方法，在讲述管理学基本原理的过程中，科学融入很多做人做事的道理，并结合相关案例或德育故事深入浅出地加以引导，实现了德育内容与管理学理论的科学、自然和密切结合。同时也在德育内容讲授中注意把握尺度，以专业理论讲述为主，以德育内容支持为辅，没有喧宾夺主，较好地完成了德融教学的目标。

## (二) 学生德融课堂收获情况

通过将德育内容与管理学基本原理紧密联系，有效实现了德育与专业知识教育的紧密自然和科学融合，同时有效实现了两者教学效果的相互促进。学生们普遍反映受益匪浅，通过德融课堂教育，有力促进了他们对专业理论知识的深刻理解，同时又获取了做人做事的基本道理和行为准则，使他们更加喜欢自己的专业，更加自信、更加具有正能量。

# 文 学 理 论

## 一、课程基本情况

### （一）课程性质

“文学理论”是汉语国际教育专业的专业基础必修课，3 学分，48 学时，在大二的第二学期开设。

本课程以马克思主义文论的创立发展、文学性质、文学作品、文学创作、文学接受、文学批评为主要内容，讲解关于如何认识文学、如何创作文学作品、如何评价文学作品的相关知识。力图从理论的高度和宏观视野上阐明文学的性质、特点和规律，建立起文学的基本原理、概念范畴和相关方法。

## （二）课程总目标

文学理论课程的总体目标是提升学生的理论思考能力，帮助学生从纷繁复杂的文学现象中提炼本质规律和基本理论，并以此来指导具体的文学实践和文学批评，促进学生将理论与实践相结合。

本课程在提升学生专业能力的同时，德育内容的融合也伴随着具体的理论知识内化于不同的知识点的讲解中，使学生通过对具体作品的解读和相关理论的学习，潜移默化地受到影响，从而在对待中国传统文化和西方外来文化的关系上、在面对文艺活动服务的对象等问题上，能够确立新的人生境界，从而树立正确的人生观和世界观。本门课程在德融教学方面的一个理论优势是使用了高等教育出版社的"马工程"教材，在这部教材中有意识地加入了马克思主义的唯物史观、科学方法论、价值观，毛泽东以人民为主体地位的科学思想，以及习近平建设中国特色社会主义文艺学体系的思想。一方面，这些思想主要体现在教材的第一编"马克思主义与文学理论"中；另一方面，这些思想还隐秘地潜藏于具体的文学理论知识点的章节中，都能体现马克思主义、毛泽东思想和习近平文艺思想的理论亮点。

在对学生的德育教育方面，首先，着重突出文学创作与文化传统间的必然联系，培养学生对传统文化的热爱和自信。这主要体现在文学创作过程、文学典型、文学境界的课程内容中，在这部分内容的讲解中，我们引用了大量中国古诗文的例子，尤其是将来自西方的“典型”理论与中国的“意境”“意象”理论进行对比和分析，使学生既了解文学典型的基本内涵，还能熟悉中国传统文化中的审美范畴和典型形象。其次，注重塑造学生的人生观和价值观。在文学境界一章中，我们引用冯友兰关于境界的层次理论，即将文学的境界分为自然境界、功利境界、道德境界和天地境界，通过对中外具体文学作品的解读，引导学生将人生视野从眼前的功利境界上升为为国家、为民族的道德境界和天地境界。再次，注重培养学生用科学的方法分析作品、解读作品。一般认为对文学作品的解读都是仁者见仁，智者见智，但在文学作品部分的讲解中，我们通过引用西方结构主义的分析方法，将文学作品作为一个完整的对象进行科学分解，这使得学生换了一个崭新的角度对作品进行不一样的理解，从而告诉学生科学理论的重要价值。

### (三) 教学内容和相应目标要求

文学理论课程的教学内容和每一部分的教学目标主要包括十个方面，如表 4-1 所示。

表 4-1　教学内容和相应目标

| 章节知识点 | 教学内容 | 教学目标 | 课外资源介绍 |
| --- | --- | --- | --- |
| 绪　论 | 讲解文学理论这门课的基本性质、文学理论上课的要求和作业要求 | 帮助学生明确本课程在本专业所有课程中的地位和作用 | 推荐阅读：<br>杨守森，周波《文学理论实用教程》<br>童庆炳《文学理论教程》 |
| 马克思主义文学理论的创立和发展 | 马克思主义文学理论是马克思主义关于文学的本质及其规律的学说 | 使学生理解马克思主义文学理论的发展和贡献，并熟悉列宁对马克思主义文学理论的丰富和发展 | 推荐阅读：<br>马克思《致恩格斯》《马克思恩格斯全集》 |
| 马克思主义文学理论在中国的发展 | 毛泽东文艺思想的基本内涵和习近平文艺思想的重要贡献 | 使学生明确理论在不同时代、地区会有发展和变化，中华人民共和国成立至今，对马克思主义文学理论的进一步丰富和发展 | 推荐阅读：<br>毛泽东《在延安文艺座谈会上的讲话》<br>习近平《在文艺工作座谈会上的讲话》 |
| 文学的性质 | 本部分从文学的本质问题入手，讲解文学的性质，它是文学本身具有区别于其他人文学科的内在特性 | 学生在阅读众多文学作品的基础上，进一步从宏观视角了解文学的根本属性，明确文学不同于其他人文学科的内在特性 | 推荐阅读：<br>朱光潜《散文的声音节奏》<br>郭沫若《论节奏》 |
| 文学的价值与功能 | 讲解文学对人类的价值到底在哪里；应该从哪些方面来认识文学的价值 | 使学生明确以马克思主义科学价值观的视角出发来审视文学价值的重要性，学会主客观相结合地分析作品 | 推荐阅读：<br>福克纳《在接受诺贝尔文学奖时的演说》 |

(续表)

| 章节知识点 | 教学内容 | 教学目标 | 课外资源介绍 |
| --- | --- | --- | --- |
| 文学创作 | 从本部分开始学习文学活动的发展过程，文学创作产生和发展是文学活动的重要环节之一 | 帮助学生明确文学创作的复杂过程，了解创作发生的内外因，能从创作主体和外在生活环境等方面分析创作原因 | 推荐阅读：<br>鲁迅《我怎么做起小说来》<br>朱光潜《文艺心理学》 |
| 文学作品 | 通过讲解文学作品的不同形态，从而分析文学作品的理想形态和意蕴层次 | 通过对小说、诗歌、散文、剧本等不同文学体裁进行举例分析，使学生了解不同体裁下的文学意蕴构成 | 推荐阅读：<br>别林斯基《论俄国中篇小说和果戈理君的中篇小说》 |
| 文学接受 | 文学接受是文学活动的最后一个环节，它的构成和接受过程直接影响着文学作品的传播 | 掌握文学接受的基本含义，理解读者在整个文学活动中的重要地位和作用 | 推荐阅读：<br>萧乾《经验的汇兑》<br>郭沫若《艺术的评价》 |
| 文学批评 | 文学批评是更高层次的文学接受，它对文学作品的评价具有更为深刻的理论基础，促进了文学理论的发展和完善 | 指导学生学习文学批评的基本类型和方法，并且在此基础上进行简单的文学批评实践 | 推荐阅读：<br>余华《活着》<br>吴义勤《余华研究资料》 |
| 文学活动的当代发展 | 研究当代科学技术发展条件下的文学生产与文学消费，考察电子媒介对文学传播的影响作用 | 启发学生认识文学消费的时代性和两重性，同时结合具体作品，使学生理解网络媒介下的文学消费与传播 | 推荐阅读：<br>默克罗比《后现代主义与大众文化》<br>杰姆逊《后现代主义与文化理论》 |

以上表格中的内容分别从不同章节的具体知识点出发，列出了学生需要掌握的学习内容，同时课外资源部分完全按照每个知识点的学习程度设置，目的是开阔学生眼界，加深对课上讲解内容的理解。

## 二、德融教学设计及内容

我们认为，将马克思主义科学思想和文艺思想很好地贯穿到课程讲解中，使学生在学习专业知识的同时潜移默化地将先进理念融入自己的认识中，这就是一种“德融”的体现。由此在文学理论课中，不论是从教材的选择，抑或是教学内容的设置方面，均与我校的“德融课堂”理念相契合。

### （一）德融内容的总体设计

首先，在教材选择方面，《文学理论》这本教材充分体现了“德融课堂”的教育理念。

本课程选用了“马克思主义理论研究和建设工程重点教材”。其中，将马克思主义对文学的基本观点，毛泽东、习近平的文艺思想贯穿始终，并且将具体的文学现象和文学作品放置在中国特色社会主义理论体系中加以观照，这就在最大程度上使文学理论的专业知识与科学的世界观方法论相结合，将深刻的理论认识融入教材的每个部分。教材的合理选择既帮助教师更好地在教学中融入德育教育理念和科学务实的精神，同时也辅助学生在课前预习和课后复习过程中，深入领会其中的含义。由此，马克思主义的科学精神和中国当代建设特色社会主义的理论与具体的文学理论专业知识相结合，就是本门课程进行“德融课堂”探索的前提和基础。

其次，在教学内容的总体设计上，本课程的每个部分都将“德融”的教学理念进行充分渗透。

从前边具体的课程内容介绍可以看出，本门课程在48学时的授课过程中，主要包括十个方面的具体知识章节，但从这十个方面的内在联系看来，我们还可以将其归纳为七大部分，即所谓的“文学理论”的“七论”。它们分别是：文学发展论、文学价值论、文学性质论、文学创作论、文学作品论、文学接受论和文学批评论。这七个方面向学生展示了整个文学活动的发展过程，以及文学自身的性质和价值，帮助学生从形态各异的文学现象中追本溯源。在此基础上，本门课程充分结合其他两部重要的文学理论教材，增加一定比例的案例内容，同时进一步扩充重要的知识点，争取在现有教材的基础上，给学生讲清、讲透。一方面用新颖的案例吸引学生，另一方面将马克思主义、毛泽东思想、习近平文艺思想潜移默化地贯穿其中。

具体来说，在总体教学思想的设计上，我们遵循一个重要原则，即深入解读科学精神和科学方法，同时将其拆分为不同组成部分，并放置在相应知识点中。我们所总结的“德”方面的精神和思想主要包括：马克思主义的唯物史观、科学方法论、价值观，毛泽东以人民为主体地位的科学思想，以及习近平建设中国特色社会主义文艺学体系的思想。在此基础上，将这些“德”进行分析研究，并将其与课本中的具体专业知识相结合。具体结合情况如表 4-2 所示。

表 4-2 德育精神的内涵分析及适用知识点

| 德育精神 | 内涵分析 | 适用知识点 |
| --- | --- | --- |
| 马克思主义唯物史观 | 马克思主义从唯物史观的角度分析，认为文学艺术是社会生活的反映，从根本上揭示了文学的本质 | 文学价值论<br>文学性质论 |
| 马克思主义科学方法论 | 运用马克思主义全面、辩证、发展、实践的观点，把文学作品中蕴含的思想放在一定的社会关系和历史文化语境中具体分析 | 文学发展论<br>文学创作论 |
| 马克思主义价值观 | 马克思主义强调从人类改造自然和求得自身全面解放的社会实践中来认识文学的价值和功能 | 文学价值论<br>文学作品论 |
| 毛泽东文艺思想 | 从实际出发研究和回答文艺实践中的各种问题，以文艺为人民大众服务、为革命事业服务、为核心的价值观服务，基本内涵是实事求是 | 文学创作论<br>文学接受论 |
| 习近平文艺思想 | 强调作家、艺术家要做生活和人民的学生，要成为时代风气的先觉者，强调马克思主义文艺理论的中国化，注重传统文化的影响和发展 | 文学发展论<br>文学创作论<br>文学接受论<br>文学作品论 |

从上表中可以看出，整个课程的德育思想由最左边一栏的五方面理论作为支撑，原则上这五个方面的理论思想都能覆盖该课程的所有章节，但如果这样设置的话，一方面课堂讲授时间有限，理论知识如果准备太多，就会严重拖延课程内容；另一方面理论讲解对

于大二的学生来说理解起来相对困难，如果内容太多，则会影响学生的有效吸收。鉴于以上思考，我们着重按照这些理论的不同内涵，将其有选择地融入相应知识点中，从而帮助同学们树立正确的文艺批评观，进而以唯物主义、辩证主义为基础，全面地分析文学作品和文学活动。

## （二）学生德育品质的塑造

在教学系统设计过程中，我们着重培养学生几个方面的德育品质。

### 1. 帮助学生树立社会主义核心价值观

在马克思主义价值观的指导下，通过对我国文学作品、作家的介绍和研究，以及中外文学理论的相关比较，使学生充分认识到中国文学和中国传统文化的价值，从而培养学生爱国、敬业、诚信的科学价值观，并将这种价值观融入对具体文学的认识中去。

### 2. 培养学生热爱和传承中国传统文化的品质

在习近平文艺思想的指导下，使学生充分理解马克思主义中国化和构建具有民族特色的当代马克思主义文论体系的重要性。同时，结合课本中中国古代文学理论的相关知识点，催生出学生对中国传统文化和文论的亲切感和归属感，进而产生愿意传承和研究中国传统文化的热情。

### 3. 培养学生的科学态度和科学精神

作为文科专业的学生，科学精神和科学的研究方法同样是进行专业学习必不可少的品质。就本门课程来说，学习马克思主义的认识论和方法论、毛泽东实事求是的精神，以及习近平文艺思想中鲜明的时代特征，这本身就是一种科学的态度和科学方法。在课程的学习过程中，不仅要求学生理解相关的科学表述，更为重要的是将科学的态度和科学的方法运用到具体的文学分析和批评中。

## 三、教学方法及手段

德融理念只有真正渗入具体的教学内容中，才会真正起到培养学生科学世界观和高尚道德品质的作用。为此，本门课程在具体的教学环节中，按照分步骤、分阶段的“德融”渗透方式，从理论到实践、从一般到个别，将理论知识和德育思想逐层融入。现以“文学的价值”知识点为例，进行具体说明。

### （一）分步骤推进德融理念

“文学的价值”这部分的知识点，隶属于“文学的价值与功能”这一章，分配到这一知识点的为 2 个学时，即要在 90 分钟的时间内完成。从总体看来，本知识点按照四个步骤推进“德融”理念，具体如图 4-1 所示。

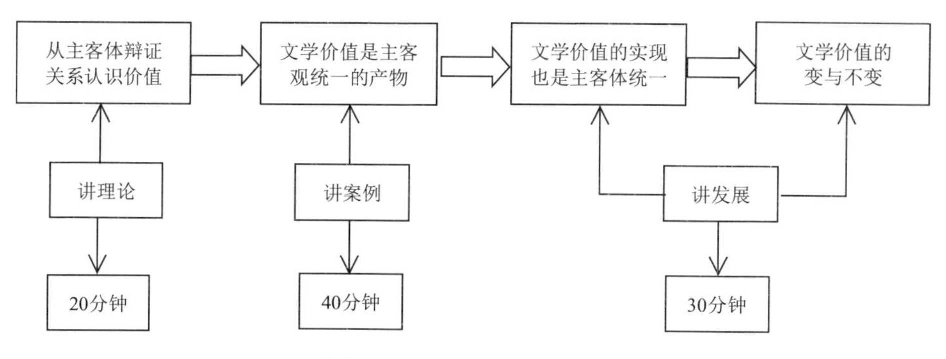


图 4-1　德融理念的推进步骤

从以上示意图可以看出，这四个方面是以马克思主义科学价值观为指导，按照“讲理论”“讲案例”“讲发展”的教学思路逐步开展的。目的是从最基本的理论出发，先抽象再具体，使学生先对主要的理论有一个直观的认识，然后再结合具体案例丰富和扩充，进而形成全面的认识。

步骤一：从主客体之间的辩证关系入手解释价值的意义。价值就是一个揭示客观事物满足人和社会需要的关系范畴，它反映了主体对客体进行评价的标准和取向。马克思主义强调从人类改造自然和求得自身全面解放的社会实践来认识文学的价值和功能，赋予其崭新的内涵和评判标准。这一步是以“讲理论”为主要内容，但在讲解过程中要注重结合课本，让学生边看边理解，防止讲解得过于深奥，影响课堂活跃性。

步骤二：由价值的意义引入文学价值，提出文学价值是主客观相统一的产物。这一步的主要任务是“讲案例”，当然案例也离不开具体内容的引入，从“价值”进入“文学价值”领域，这就多了许多形象生动的文学内容。客观上，文学价值植根于社会生活；主观上文学价值包括作家的审美创造能力。本部分以毛泽东《七律·长征》为例，“红军不怕远征难，万水千山只等闲。五岭逶迤腾细浪，乌蒙磅礴走泥丸。金沙水拍云崖暖，大渡桥横铁索寒。更喜岷山千里雪，三军过后尽开颜。”先介绍该诗体现的深刻的社会历史现实，再讲解该诗体现出作者百折不挠的革命精神。这两方面共同构成了文学价值的来源。在具体讲解中配合播放相关的视频资料，使学生迅速将马克思主义价值观和毛泽东文艺思想的理论认识与直观的声音、图像和文字相结合。

步骤三：由文学价值的生成进入文学价值的最终实现。这部分内容的理解离不开读者的社会经历和主观情感。

步骤四：文学价值的变与不变，即文学价值具有客观的相对不变的特性，同时又具有随阅读环境变迁、接受者变更而发生变化的特性。

以上两个步骤都是“讲发展”，既有文学价值本身的发展，也有文学活动向读者的发展，因为与每一位学生的阅读体会更加贴近，因此这两部分的内容对于学生来说更容易被接受。

## (二) 分方法融入“德融”理念

在具体的讲解过程中，任课教师十分重视教学方法和手段的创新。根据教学内容的不同，灵活运用多种相应的教学方法和手段，使之与“德融”理念相匹配。

### 1. 讲解法

我们仍以文学价值讲解内容为例。在对文学价值的相关内容进行课堂讲解时，最重要的就是以马克思主义思想为出发点，既从作家主观的审美理想来理解文学的价值，同时也要结合具体的社会时代背景和不同读者的生活经历来动态地观照文学价值。

### 2. 讨论法

为锻炼学生的独立思考能力和语言表达能力，我们在不同内容的讲解中还会相应设置一定时间的课堂讨论环节。针对本次课程，所讨论的内容就是“文学价值的主导性和多样性”问题。要求学生完成书面作业，再根据作业内容进行分组课堂讨论，从不同意见中选取有代表性的，相应学生进行课堂发言，最后再由教师进行总结和评述。这不仅调动了学生独立思考的积极性，而且锻炼了学生进行初步学术研究的写作能力。教师点评之后将作业发还给学生，很多同学能在第一稿的基础上继续修改，并在课下与老师讨论。

### 3. 探究式教学

为了更有效地提升学生主动学习、主动思考的能力，在教学中我们结合具体的文学作品，带领学生进行探究式学习。具体过程为：教师启发诱导，设置研究情境，鼓励学生独立学习和形成合作小组，以教材为基础寻找研究内容，学生通过主动搜集信息获得对该知识点的认识。在这一过程中，很多学生通过对教材中一个知识点的学习和深入了解，做到在理解教材知识的基础上能够有效地与文学作品进行联系，将理论运用于实践。

4. 立体化教学手段

具体来说，本门课程的立体化教学手段主要包括前期的实践教学手段和课程进行中的多媒体教学手段的综合运用。

实践教学手段：开展文学实践活动，通过鼓励学生进行文学阅读，开展针对性的文学鉴赏写作，同时鼓励学生进行文学创作和作品评论。很多同学在学院刊物《稷风》上发表文章。

多媒体教学手段：充分利用多媒体辅助教学，拉近师生距离。既然不能杜绝学生用手机，那么我们就利用好手机。我们面对面建群，通过微信群发送课程相关的论文，这样学生既能事先预习，在上课期间也不用费劲盯着黑板。除此之外，教师还在课余时间通过QQ为学生答疑。

## 四、教学效果

通过理论教学和实践教学的双重影响，本门课程的“德融教学”产生了良好的教学效果。

首先，学生课堂表现认真积极。由于本门课程的讲义是综合了三本文学理论教材而形成的，做到了理论深入和案例丰富，教师在讲授过程中鼓励学生勤记笔记、多提问题。由此，全班同学形成了积极做笔记的良好课堂氛围，许多同学的笔记丰富全面，还有不同颜色的笔做记号和分类。此外，同学们还在课堂讨论环节积极撰写发言提纲，制作 PPT，积极上台发言。

其次，学生对文学批评产生兴趣。本门课程对理论的要求相对较高，刚开始上课时有些学生会因为很多的流派、观点而产生一些困惑，经常有学生在课后拿着笔记找老师问问题。随着作品范例的引入，以及视频片段的使用，使学生逐渐理解了理论的意义，并且试着用一些理论来解读具体作品。有些同学的作品还发表在学校图书馆“嘉会读书”微信公众号上，很多同学在课下向老师表示正是因为学习了一定的文学理论，感觉看待文学、看待生活的视角都发生了变化。

再次，教师用诚信对待学生，学生也以同样的诚信回馈教师。在课上，学生积极利用手机，一方面拍下 PPT 中的内容留存作为笔记记录的依据，另一方面在班级课程群里阅读教师分享的相关资料。一个学期下来，教师没有因一次学生使用手机而误解学生未认真听课，而相应的学生使用手机的次数也明显减少，大家都将注意力集中在黑板和教师身上。

最后，实践教学体验深刻。学生们通过课程学习，形成了对文学活动的科学认识，并很好地指导了日常文学创作，多位同学在期刊上发表文章。此外，学生们能以历史的、辩证的观点来看待文学现象，并能在老师的指导下，通过主动探索和讨论的方式，深入学习相关的理论知识，从而通过自主研究形成相对完整的课程论文，具备了将理论运用于实践的能力。

通过期末课堂检测,汉语16级两个班的大部分学生均能结合具体的文学现象进行理论归纳和总结，少部分学生存在知识点不够清晰、答题相对简单的问题，但都属于正常情况。检测效果基本符合本门课程的预期目标。

# 营销策划

## 一、课程基本情况

“营销策划”是市场营销、互联网营销专业开设的一门学生职业素养、实践能力培养核心课程，本课程共32学时，2学分，面向大三本科学生开设。

在专业培养方案中，该课程承担着培养和提升学生应用理论知识解决营销实践问题能力的职能。从课程目标与教学内容来说，通过本课程的学习，学生能够了解营销策划的基本流程、方法、结果与表现形式，帮助学生树立正确的学习观、价值观、策划观、方法论。在本课程的教学中实施德育教学，不仅是学生全面发展的需要，也是从事市场营销工作的基本职业素养要求。

# 二、德融教学设计及内容

## (一) 德融教学的设计

本课程采取“四步策划”教学法，将整个营销策划分为调研选题、可行性论证、战术组合、新媒体推广四个步骤。四个步骤在理论和实践上既分割，又融合。

分割是因为营销策划从理论和实践层面都相对抽象，也是市场营销专业教学研究、实践工作的难点，作为一个整体进行教学，不利于学生理解和接受。通过形式上的分割，突出每个阶段的工作重心，便于学生理解流程、掌握方法。

融合则是通过内容上的整合,保证整个营销策划方案的完整性。例如，在进行第二步可行性论证时，第一步获取的调查数据将被重新调阅，通过调查数据论证项目的可行性；同样，第三步战术组合，仍然是基于第一步的消费者行为和市场竞争调查数据，确定 4P 组合；第四步的新媒体推广，仍然是基于调研阶段发现的消费者心理和行为特征，采取消费者容易接受的推广方式，借助消费者接触最多的媒体进行推广。

通过分割与融合，既帮助学生了解策划流程和每个阶段的工作重点，又帮助学生建立系统的策划思维体系和理念。

## （二）德融教学的内容

本课程在总体设计上，从课程的四个步骤，分别承担学生四方面的德育工作：

(1) 调研选题部分，重点避免消极选题，引导积极的研究观。通过小组选题与调研或实验方案设计，引导学生树立健康、积极的生活观和科研观。教师指导学生就自己熟悉的、感兴趣的、时事问题作为选题。学生的思维活跃，对时事敏感，有自己的视角，有些学生小组会选择诸如逃课 App、食堂外卖等体现大学生社会意识、相对惰性方面的研究案例。教师则针对消极问题，指导和引导学生，用积极的选题替代。

(2) 可行性论证部分，重点进行诚信教育，确保数据真实是核心。市场调查数据作假，是困扰商业行为的重要因素，所以在市场调查、实验设计、问卷设计、调研对象选择、数据处理等环节，对学生进行诚信教育非常重要。当然，仅仅靠诚信教育是不够的，数据做假，往往是因为问卷设计不合理、调研样本难以获取等因素，所以要通过指导学生设计问卷和调研/实验方案，帮助学生细化调研实施环节，从根本上解除困扰诚信的因素。

除了数据的来源要保证真实，合理使用数据也非常重要。所以要教导学生构建真实合理的因果关系，将数据与可行性研究之间的证据链尽量推导得缜密、合理。

(3) 战术组合部分，重点引导学生建立科学的策划观、换位思考的同理心、共赢的价值观。谈到营销策划，在商界充斥着各种负面因素：玩艺术、玩灵感、玩概念，以自我为中心，以利益为中心，背弃商业规则……种种行为都抛弃了商业的基本原则。所以在战略战术策划部分，围绕目标使命、商业模式、产品、定价、渠道、促销各环节，都要渗透德育元素。

比如企业目标使命部分，教师引导学生遵循社会营销理念，以社会可持续发展、国家人民利益为先，不能为了企业利益，背弃最基本的法律法规道德观念。在产品部分，不能脱离产品利益本质，仅靠概念炒作网红产品，甚至向消费者传递反潮流产品。在定价与渠道部分，引导学生以换位思考、同理心、共赢价值观兼顾整条价值链的健康平衡发展，不要为了一己私利，不顾价值相关者利益，甚至挑起整个行业的价格战，破坏行业生态。在促销部分，引导学生传播健康积极的品牌和产品形象，倡导正确的价值观和传播潮流，抛弃色情、魅惑、欺骗、恐怖等负面促销概念。

(4) 新媒体推广部分，重点培养学生的创新意识和科研精神。本环节引导学生借助微电影、软文方式，进行品牌和产品传播，鼓励学生对新技术、新手段保持关注并积极尝试使用，培养学生的创新意识和试错精神。该部分还会剖析互联网、大数据、光电技术在传播领域的应用，引导学生树立为专业发展刻苦学习和努力研究的科研精神。

## 三、教学方法及手段

本课程综合采用团队合作、案例教学、翻转课堂、多媒体教学、过程考核等教学方法与手段。

团队合作方面，本课程的四个步骤都以团队方式完成。在整个过程中，学生通过团队沟通、团队决策、团队协同，完成项目策划。在小组代表PPT汇报结束后，教师和同学都可以对项目进行提问，小组成员进行团队答辩，这些都培养了学生的团队合作精神。

案例教学方面，教师积极引导和指导学生将案例延伸到课堂之外，带着策划案参加“创青春”“挑战杯”“大学生创业大赛”等学科比赛项目，借此培养学生的承压能力、荣誉意识。近几年先后有“麦泊智能立体停车机器人”“歌荻安壳聚糖面膜”“三黑黑糖保健食品”等项目走进大学生创业大赛的赛场。通过大赛，学生们一方面听取更多专家的建议和意见，对课堂策划案进行了不断完善；另一方面提升了学生的策划积极性和抗压能力。

翻转课堂方面，教师每次课堂随机指定学生进行理论知识讲解和案例阶段成果汇报，整个课程分为四个步骤，每个步骤由每组一名学生进行汇报，每班40名学生平均分为4～5个组，四个步骤共有16～20名学生汇报，连同理论知识讲解，基本上每名学生汇报一次。课堂汇报锻炼了学生的演讲能力、归纳总结能力、表达能力和应变能力，有利于学生综合素质的提升。

多媒体教学方面，精选优秀影视策划视频辅助教学。通过《大染坊》《乔家大院》等影视片段，以及吴彦祖凯迪拉克微电影《一触即发》、潘婷泰国广告《你能型》等经典广告赏析，帮助学生了解本专业理论知识应用的广泛性及发展趋势，同时穿插德育。例如，《乔家大院》中包头马大掌柜片段，最后以乔致庸授“诚信”牌匾作为该事件的结束，向学生传达“诚信”在商业领域、人生立世的重要意义；借用《大染坊》中陈寿亭与元亨染厂商业竞争的片段，向学生传达“以德报怨”在职场与人生中的积极意义。

过程考核方面，本课程通过四个步骤的阶段性成果汇报和最终的整合报告进行考核，五项成绩的平均分为每个团队的整体平均得分，然后团队根据成员贡献进行内部再分配，教师根据团队内部分配成绩，再加权汇报人员、组长加分项，最后得到每名同学的最终成绩。过程考核、团队赋分、内部再分配体现了团队合作、多劳多得，建立公平公正评价体系的理念。

## 四、教学效果

本课程通过德融课堂教学，将看不到、摸不着的道德信条融入“四步策划”阶段性教学之中，并以团队合作、翻转课堂等教学方式最终传递给每个学生，获得了较好的教学效果和学生评价。

2016 级学生高鹏程组织团队成员完成了“源动力营养健身餐”项目策划，他认为四步策划法将项目分解为一个个阶段性的目标，让目标实现成为可能，让团队成员看到了希望。在这个过程中，来自老师的认同和鼓励，推动着团队保持士气，不断实现阶段性目标。

2015 级毕业生马纯健携“三黑黑糖保健食品”项目参加了“互联网+”创业大赛，获得了校级银奖。毕业后，他说在大学期间收获最大的，就是这个策划案完成和参赛的过程。整个过程中，他协调南京同仁堂集团做出了策划案中的三款产品，获得专家的高度评价。比银奖更宝贵的，是在这个过程中他的协调沟通能力、团队协作能力、创造力、表达力等都获得了巨大提升。

2014 级毕业生王鑫鑫组织团队完成了“山药主题药膳餐厅”项目的策划，由于考研没能参加“互联网+”创业大赛，至今她仍引以为憾。她说通过四步策划法，不仅学会了策划的基本流程和方法，更重要的是掌握了严谨的策划思维体系，明白了团队合作和商业逻辑的重要性。

# 包装设计

## 一、课程基本情况

“包装设计”是视觉传达设计专业的一门专业核心课程，共计3学分、48学时，在大三第五学期开设。

本课程重点讲授包装设计的概念，包装的材料特性与结构设计，包装的图形、色彩、文字及版式设计，并熟悉包装设计的基本流程、创意思路和操作方法，重视包装设计的商业性、科学性、艺术性等特点，对各类包装设计的技巧性进行适度挖掘。同时，将理论与实际紧密结合，通过大量的参考实例，生动形象地进行教学引导，使学生掌握包装设计的一般规律和方法，结合以赛促教、真题真做，初涉包装设计实战，培养学生掌握包装设计的基本方法和规律，激发学生的创意思维，在将来的设计活动中能够将所学、所见自然地转化到实践中去，并为后续开设的包装创新设计课程奠定基础。

在素质教育方面，结合理论授课及“百脉泉酒业 70 周年珍藏版酒的瓶体及外包装设计大赛”设计实践，使学生了解国家政策，增强创新创业意识；加深对地域文化与传统文化的认识，增强文化自信，树立爱国意识；培养学生合作解决问题的能力，以及增强社会责任感和环保意识等。

## 二、德融教学设计及内容

德融课堂是指在教学过程中，特别是在专业课教学中，通过科学合理的教学设计，将专业知识教学与思想品德教育、爱国主义教育及综合素质教育相结合，使学生在春风化雨、润物无声中得到心灵的启迪与升华，从而达到立德树人的教学目的。

### （一）在德融教学设计方面

根据视觉传达设计专业学生的特点，结合课程思政教育工作需要及课程教学内容和教学组织实施特点，以爱国主义、文化自信、创新创业和环保意识教育为主要内容，以挖掘课程教学内容思政元素、加强教学过程管理、改革课程过程性考核方式、强化教师以身示范为手段，构建科学合理的德融课堂教学模式，从而强化学生思想品德、爱国爱家，以及综合素质的培养。

## (二) 在德融教学内容设置方面

根据包装设计课程教学内容的特点，结合理论教学、实习教学和课程设计实践作业，在德融教学内容设置上做了如下安排，如表 6-1 所示。

表 6-1 德融教学内容设置

| 章节 | 知识点 | 思政元素 | 实现形式 |
| --- | --- | --- | --- |
| 第一章 | 包装设计概述 | 创新创业教育 | 在介绍国家创新创业鼓励政策的基础上，采用案例式教学，用成功的创业案例激励学生投身创新创业活动中；运用项目式教学，真题真做、以赛促教等形式进行创新创业能力的训练 |
| 第三章 | 包装材料 | 环保意识教育 | 用数据说明目前过度包装对环境的污染和危害，从合理运用环保包装材料，减少包装材料的使用，以及提倡包装的循环利用等角度，培养学生的环保意识，使他们在未来的设计工作中将环保意识铭记于心 |
| 第七章 | 包装图形 | 文化自信教育 | 强调地域文化和传统文化在白酒包装设计中展示的重要性，针对“百脉泉酒业 70 周年珍藏版酒的瓶体及外包装设计大赛”作业，安排学生考察最具地域特色的百脉泉和李清照纪念馆，将清照文化和百脉泉元素运用到白酒包装设计中，在反映百脉泉白酒地域文化，增进消费者好感的同时，对培养学生加强对传统文化的重视，树立学生的文化自信具有重要意义 |
| 第八章 | 包装发展现状 | 爱国主义教育 | 结合包装设计发展现状，讲述我国近年来可喜的经济发展态势，强调国富才能民强，提升学生的爱国意识。同时，通过诵读李清照的爱国诗词，说明国家平安百姓才能安居乐业，有国才有家，培养学生的爱国情怀 |

(续表)

| 章节 | 知识点 | 思政元素 | 实现形式 |
| --- | --- | --- | --- |
| 第九章 | 包装图形设计 | 合作意识教育 | 通过分组、分工合作完成项目，增强同学之间互相帮助、合作完成项目的意识与能力 |

## 三、教学方法及手段

包装设计是一门实践应用型课程，要求在课程理论传授的同时，开展设计实践能力的训练。在课程讲授与设计实践中结合课程内容挖掘思政元素，根据课程需要和学生特点，融入爱国主义、文化自信、创新创业和环保意识教育等思政内容。具体的教学方法及手段如下：

### （一）列举法

采用列举法，用成功的创业案例刺激学生投身创新创业活动中。包装设计是一门创新性和实践性很强的课程，结合课程内容可为学生讲述以往成功创业的学长们的创业经历。如山东易高设计有限公司总经理张勇、山东锐利广告有限公司总经理武艺等成功创业的学长，都主要从事包装设计业务的运营，并取得了可喜的成绩。通过分享他们的创业故事，激励学生树立创业意识，将创新作为专业学习的基石，提高自己的综合素质，为将来的创业奠定基础。

## （二）项目式教学法

运用项目式教学，真题真做，以赛促教等形式进行创新能力的训练。多年来，视觉传达设计专业积极开展以赛促教的教学活动，多次在“中国包装创意设计大赛”等专业赛事中取得优异的成绩。本次课程以“百脉泉酒业 70 周年珍藏版酒的瓶体及外包装设计大赛”作为课程作业，通过真题真做、以赛促教的形式，可以有效提升学生的创新设计能力和应用实践能力，设计大赛的获奖证书和奖金设置，对学生参与的积极性也有显著的促进效果。

## （三）实地考察法

采用实地考察教学法，现场体验传统文化，提升文化自信。山东百脉泉酒业股份有限公司起源于光绪年间“福祥和”古酒作坊，历史悠久，富有浓郁的地域文化特色，其地处章丘市区，与百脉泉公园为邻。为此，实习周期间特组织学生到百脉泉公园和百脉泉酒业进行现场考察，收集设计素材，包括传统图案、古建筑，以及百脉泉水等，在体会传统图案造型美的同时，领悟传统符号的美好寓意，增强学生对于中华传统文化的认识，丰富设计作品的装饰美与寓意美。清照文化是百脉泉酒的重要表现元素，为此，带领学生到李清照纪念馆进行了考察学习，了解一代婉约派词人李清照的生平事迹和代表作品等，尤其赏析了描述她少女时代在章丘欢乐生活的《如梦令》：“常记溪亭日暮，沉醉不知归路。兴尽晚回舟，误入藕花深处。争渡，争渡，惊起一滩鸥鹭。”让学生体会了中华传统文化的诗词之韵味和意境美，丰富了设计作品的文化内涵。

此外，教师还带领学生到百脉泉酒业进行了实地考察参观，工作人员为学生讲解酒的历史、制法、品法、作用等酒文化内容，既有酒自身的物质特征，也有品酒所形成的精神内涵；还为学生讲解了酒德，酒德是饮酒的道德规范和酒后应有的风度。对酒文化的讲解，不但增强了学生对于酒文化知识的深度了解，同时也揭示了酒德与品德之间的关系：“合度者有德，失态者无德，恶趣者更无德。”酒品与人品相关，这也是对学生的一种思想熏陶。

### （四）爱国情怀教学法

结合包装发展现状和清照文化考察，培养学生的爱国主义情怀。结合第一章包装设计发展现状，讲述我国近年来可喜的经济发展态势，国富才能民强，提升学生的爱国意识。同时，借助考察李清照纪念堂，学习李清照爱国主义诗篇 “生当作人杰，死亦为鬼雄。”学习她豪迈的人生价值取向：人活着就要做人中的豪杰，为国家建功立业，死也要为国捐躯，成为鬼中的英雄。以此教育学生，培养他们爱国爱家的家国主义情怀。

### （五）讲授法

运用讲授法，分析过度包装的危害，培养学生的环保意识。结合第三章包装材料的授课内容，从杜绝过度包装浪费和降低快递包装消耗两个方面讲解环保的重要性。过度包装浪费资源、污染环境、危害社会利益，应坚决予以杜绝；而快递包装带来的巨大的环境污染和能源浪费，也给我们的生存环境带来了巨大危害。作为一名设计师，应该树立环保意识，杜绝过度包装设计，有义务减少包装材料的使用，以及做好包装的重复利用等工作。

### (六) 分组、讨论式教学法

开展分组、讨论式教学，提升交流能力与合作精神。本次包装设计课程的上课班级为 2015 级装潢 1、2 班，共 50 名同学，为了更好地开展教学活动，将所有同学分成 13 个组，组里的每名同学都有不同分工，在企业考察期间，他们有的做笔记、有的拍照、有的录像，有效收集了设计素材；上课期间开展讨论式教学，增强了同学间及师生间的交流与互动，吸收不同的意见作为参考，不断完善自己的设计作品，有效提高了同学们的交流与表达能力，以及团队协作精神。

### (七) 改革考评方法

进行考评方法改革，以旷课迟到为耻。在包装设计课程的考评方面进行了改革，重点将学生常见的迟到旷课现象纳入了考评范畴，严肃考勤制度，使考勤占最终成绩的 30%，对旷课三次以上的学生取消其考试资格；教育学生要养成遵守时间、诚信守时的好习惯，以迟到旷课为耻，有事及时向辅导员请假，讲诚信、不撒谎。

### （八）言传身教法

教师以身示范，保证课程教学及德融课堂的完美统一。打铁还需自身硬，教师教学不应该只停留在理论阐述上，要具有系统的理论知识储备，还要有实际的设计操作案例，熟悉包装设计的整个运作环节；此外，还要严于律己，做到考勤上按时上下课，思想上爱学生、爱学校、爱国家，树立无私奉献精神，为教学活动做好表率。

除此之外，在课程讲述过程中，还通过讲解德育故事或生活案例等有效手段，实现春风化雨、润物无声，把立德树人的根本要求落实到教学过程中。

## 四、教学效果

通过开展德融教学活动，教学效果十分显著，主要体现在以下几个方面：

### （一）学生的学习积极性明显提高

自从开展德融教学以来，尤其是教育学生以迟到旷课为耻，要做社会的有用之才，学生的迟到旷课现象明显减少，按时上课、按时下课，将课堂时间充分利用，以前带早餐到教室的现象也消失了。同学们认真听课、做笔记，认真考察和收集资料，大胆创新、认真做作业，学习积极性有了明显提高。

## (二) 学生的服务意识和团队精神有所加强

以前上课都要督促学生打扫卫生,随手丢垃圾的现象随处可见。自从开展德融教学以来，同学们主动打扫卫生，教室里的环境明显改善；分组教学更是让同学们有了较强的合作精神，大家分工明确、各负其责，主动展示自己的设计作品，积极参与讨论，学习氛围有了显著提升。

## (三) 作业质量有了明显提高

作业质量是反映教学效果的重要衡量标准。通过德融教学，增强了同学们学习的积极性，使同学们认识到了专业学习的重要性，虽然课程开设的时间很短，但作业质量却有了明显提高。

图 6-1 所示为高鑫宁同学以李清照诗句“误入藕花深处”为创意点，将莲藕、荷花作为表现元素，反映了李清照文化的特色。图 6-2 所示为王健健同学以中国传统云纹和水纹作为装饰元素，以“天圆地方”作为酒瓶造型，使包装充满了中国韵味。

开展包装设计德融课堂教学也为其他课程的教学提供了思路，尤其是在艺术设计相关课程中，借助艺术设计教学图文并茂、理论与技能并重推进的特点，将德育融入理论教学与实践教学中，使学生在不自觉中既受到品德思想的教育,同时还增添了课程的趣味性，拓展了学生的知识面，可谓一举多得。

图 6-1 包装设计(1)

图 6-2 包装设计(2)

## (四) 学生评价良好

开展德融课堂教学活动以来，同学们深切体会到了与以往教学方式的不同，大多数同学认为，德融课堂不但使他们在思想品德上受到了深刻的教育，还提升了他们的设计实践能力和团队合作能力，为将来走向工作岗位奠定了良好的基础。

# 女士形象色彩设计

## 一、课程基本情况

“女士形象色彩设计”为服装表演与形象设计专业、形象设计与策划专业的一门专业核心课程，2 学分，48 学时(其中理论课 16 学时，实验课 32 学时)，在大三第五学期开设。

本课程主要讲授人体色特征分析、女性肤色类型特征、女性服饰色彩特征分析、女士形象色彩诊断等设计理论知识与规律。培养学生对不同女性形象色彩的艺术创造能力、对不同人物形象色彩的驾驭能力与辨析能力，从而更加准确地构建符合人们自身色彩特征的全新的女性人物形象。在素质方面，一方面培养学生对于中华优秀传统文化的独特精神标识意识，引导学生在学习过程中感知优秀传统文化的强大感召力、吸引力和影响力，建立文化自信；另一方面，通过对我国传统服饰色彩知识的学习，激发学生对传统文化的寻根溯源的探索精神和崇敬之情，明确自身所肩负的传承与传播中国服饰色彩文化的艰巨使命。

## 二、德融教学设计及内容

### （一）德融教学的设计

“学高为师，德高为范”，要教学先育人是教育的根本。本课程的教学目标是通过学习，使学生了解不同形象特征、肤色特征的人物色彩设计理论与规律。能够对人物形象进行分层次、递进式色彩设计。在此过程中，根据教学内容选取传承中国传统文化作为专业知识相关的德育教学内容，通过教学过程中分组协作的形式培养学生的集体荣誉意识，树立学生坚忍不拔的精神。同时，在德融教学内容方面，分不同章节、不同知识点，以不同形式将思政元素融入教学之中。具体教学点和实现形式如表 7-1 所示。

表 7-1　德融教学的具体教学点和实现形式

| 章节 | 知识点 | 思政元素 | 实现形式 |
| --- | --- | --- | --- |
| 第三章 | 女性服饰色彩特征分析 | 中国传统色彩观 | 以课堂讲述的形式，图文并茂地带领学生认识传统色彩体系，树立民族自信 |
| 第四章 | 女士形象色彩诊断 | 培养集体荣誉意识、树立坚韧不拔的精神 | 以分组分工协作的形式，共同完成设计任务。培养学生团结协作的集体意识 |

## (二) 德融教学的内容

将德育融入教学内容的每一个环节，使学生在课堂环境中时刻接受德育教育，做到润物细无声。在培养学生审美能力和艺术修养的同时将美育与德育相结合，达到教育学生的双重目的。

### 1. 传承中国传统文化

中国传统文化是世界上唯一能够延续几千年而没有中断的文化，从远古时期的夏商周至秦汉统一，从魏晋隋唐至宋元明清，中国文化在漫长的发展历程中表现出了顽强的生命力，一直延续发展、绵延不绝。在历史发展的长河中，我们的祖先不仅创造了灿烂的文化，谱写了人类文明史上绚丽的华章，同时还为后人留下了宝贵的精神财富和传统美德。习近平总书记在哲学社会科学座谈会上指出，坚定中国特色社会主义道路自信、理论自信、制度自信，说到底是要坚定文化自信。文化自信作为更基础、更广泛、更深厚的自信，是“更基本、更深沉、更持久的力量”。在对我国传统服饰色彩的历史背景、文化、时代特征等方面的教学内容中融入传统服饰色彩文化的知识，让学生深刻认识到我们中国的色彩文化远远早于西方，激发学生对传统文化的寻根溯源的探索精神和崇敬之情，以及对博大精深的中国色彩文化所肩负的传承与传播使命。这种对中华优秀传统文化的积极态度和坚定信仰是文化自信的充分表达。

### 2. 树立坚韧不拔的科学精神

道德实践活动需要使学生对德育教育内容内化于心，外在于形。树立坚韧不拔的科学精神，便是实践教学中重要的内容。

科学精神，是指人们在长期的科学活动和实践中逐渐积淀和塑造起来的观念、思维方式与行为准则的总和，是贯穿在科学实践中的科学之魂。科学精神最基本的内容是求真精神、理性精神和实证精神。科学精神是人类进行科学探索的不竭的精神动力。只有在科学精神的指引下，对于知识的探究才能不断地获得突破，才能取得持续的进步。人类摆脱蒙昧状态、现代社会物质文明的高度发展，都与科学精神的导向有着密切的关系。事实证明，无论是在昨天、今天，还是明天，科学精神都将是社会发展和文明进步所必不可少的思维指向。

### 3. 提升集体荣誉意识

团队是在一个特定的工作环境中，为达到一个相同的目标而相互协作、优势互补、共同努力完成某一任务，一起工作、共同担负责任的一种小型群体。团队协作能力是当今社会对学生提出的关键能力之一，这一能力直接影响学生将来的工作业绩。我们在实践教学过程中，与学生教学相长、相互配合，总结出一些在新模式下保证和提升教学与训练质量的技巧和经验。在这一过程中，德融教学的重点是要让学生意识到团队协作的出发点是尊重他人，核心是为了共同的目标协同协作，最高境界是全体团队成员的高向心力、高凝聚力、个体利益和整体利益的统一，只有这样才能够保证团队的高效率运转。通过这一内容的学习，有助于提升学生的团队协作能力及专业实践能力，调动学生的参与热情。学生对自身角色的认同度很高，并表现出很强的责任心。在形象设计的每一个环节，团队中的同学都以关心各自团队的成员、关注团队任务的实施、提升团队的协作能力为己任。

## 三、教学方法及手段

### （一）随教随融

在女士形象色彩设计课程的教学过程中，将德融教育融汇在整个教学环境当中，即随教随融。在理论讲授部分，讲到中国古代不同历史时期在儒家色彩观的长期影响下，按照天地玄黄、阴阳五行、正色间色等象征色彩的认知与积淀，逐步将色彩审美心理内化为民众共同遵守的服饰色彩制约。西汉武帝以土为德王，改正朔，服色尚黄，董仲舒及时提出了“五行莫贵于土”“五色莫盛于黄”。隋朝，文帝专好赭黄袍，逐禁止士庶不得服，而服黄有禁自此始。中国古代服饰色彩特有的现象之一便是黄色的专属性，宋元两代这一现象进一步强化，至明代将此文化功能推向极致。通过对形象色彩文化等理论知识的讲述加深学生对我国色彩的历史背景、文化、时代特征等方面的了解，培养学生对中国色彩文化的热爱之情，让学生知道学习色彩的重要性，从而更好地传承和保护色彩文化。学生们在课余时间自觉前往图书馆借阅服饰色彩相关的书籍，到博物馆拍摄古代服饰，通过网络与教师交流中国古代服饰色彩的意蕴，这是德育教育带给学生们的改变。

### （二）榜样示范法

在本课程的实践环节中，涉及女性面部肤色明暗程度的判断、皮肤质感密实程度的判断、服装用色冷暖的判断，以及色彩之间的搭配等，往往对于一名模特的色彩测试需要将近两个小时，期间学生要反复对不同色彩及类似色彩进行反复比对、分析、不断练习才能够优选出更加符合设计需要的颜色(见图 7-1)。

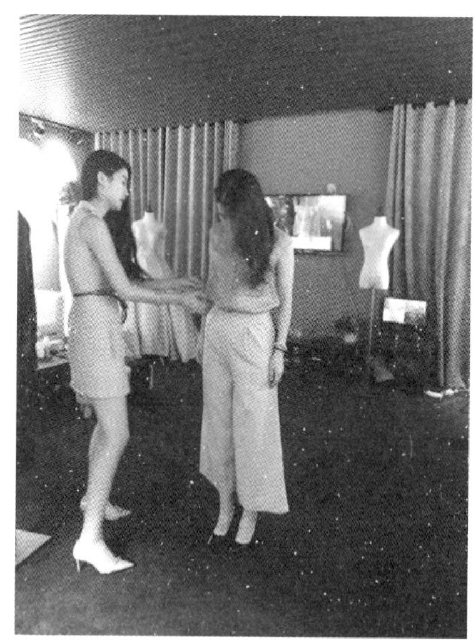

图 7-1　学生在对模特进行色彩和款式搭配

在此过程当中，我们通常会以孟子的名言“故天将降大任于斯人也，必先苦其心志，劳其筋骨，饿其体肤，空乏其身，行拂乱其所为，所以动心忍性，曾益其所不能。”教育同学们要刻苦努力。还会以国内著名设计师马可为例，讲述马可创立的品牌“无用”，几乎所有的服装都采取了超码、做旧的处理，加之絮乱的缠绕和粗糙的缝制。这些看似简朴的质地，全部来源于纯手工制作，为的是实现设计研发全天然的环保生活用品，促进世界上更多的人关注与实践自求简朴的、与自然和谐共处的、可持续的生活方式。通过这种不怕苦、不怕难、坚韧不拔、顽强奋发的警世名言及奋斗故事，教导同学们不断历练自己，端正学习态度。

### (三) 开展分组、讨论式教学

女士形象色彩设计课程在第三周和第四周是实践环节。为了更好地开展教学活动，我们将两个班级 45 名同学进行了分组。学生们以三人为一个小组，共分成 15 组。组里每个同学有各自的分工和任务(见图 7-2)。

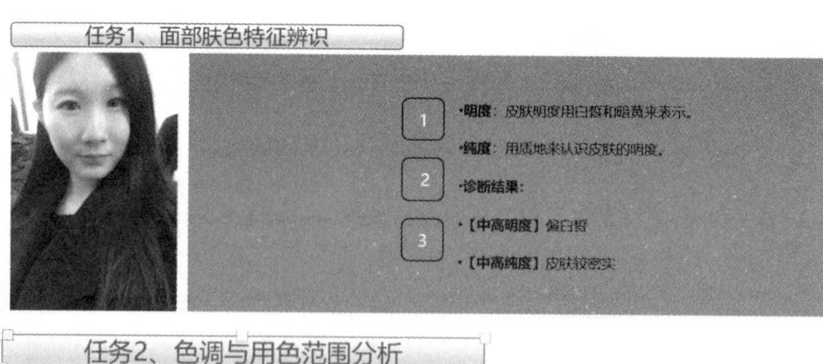


任务2、色调与用色范围分析

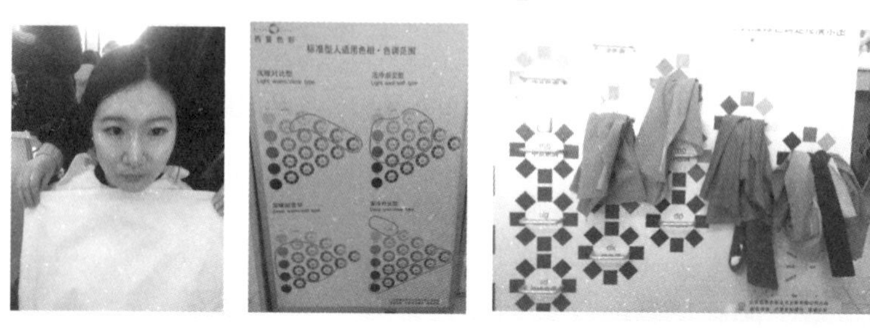

任务3、生活用色、社交用色、不同季节用色、外套和内搭用色

图 7-2 任务分配示意图

从搜集模特资料开始，通过向模特提出不同的问题，包括年龄、职业，经常出入的场合，喜欢的色彩、饰品、兴趣爱好等，进行资料的搜集整理，找到对设计有用的信息。然后进行 55 色布和 177 色布的逐一分析比对，找出适合模特的用色范围及与面部色彩相符的服饰色彩，包括生活用色、社交用色、不同季节用色、外套和内

搭用色等。适用的色彩找到之后，接下来就是设计的过程，也就是如何根据适合的色彩进行合理的、时尚的，同时又符合模特心里诉求的搭配。这就需要对面料、流行趋势等进行全面的了解，只有这样才能够进行合理的、理想的终极设计。每一个环节都需要学生认真做好自己负责部分的工作,这期间要求有的同学负责与模特沟通，采集信息；有的同学负责测试模特所适合的色调；有的同学负责模特所有生活用色的采集和记录；最后大家汇总资料，共同完成客户的形象设计。

通过本课程的实践环节，使学生学习和掌握色彩诊断的流程和方法，并且进一步学习与人沟通的技巧，培养学生耐心倾听、沉稳细致工作的职业操守。实践过程中，团队成员彼此协作，互相帮助，共同完成任务，这也在很大程度上培养了同学们的团队精神。

## 四、教学效果

通过德融教学活动，教学效果十分显著，主要体现在以下几个方面：

### (一) 学生更加热爱中国传统文化，增强了文化自信

在本课程的学习过程中，通过将传统文化寓于德育内容之中，使德育教育更加生动活泼，更易为学生所接受。这种渗透性强，形象、生动的德融教学，影响了每一位同学。同学们将自己的感悟与

老师进行交流，他们认为自己在德融教育的氛围中，已经自觉地端正了学习态度，惊叹古老中国的色彩文化底蕴如此深厚。它不仅是现代设计的源泉，同时也是世界知识的瑰宝。在以后的设计中应当更多地将中国传统色彩观融入其中，让更多人、更多国家了解中国。我们清晰地感觉到学生这种发自内心的感慨与自豪，以及扎根心灵的文化自信。这便是课堂中德融教育的影响，它“润物细无声”地使学生们受到传统文化的熏陶，并赋予每一名同学深深的责任感与使命意识。

### （二）提高了学习的积极性

在教学过程中，通过实施德融教育，充分挖掘课程中所蕴含的丰富的德融教育因素，将显性课程的知识传播、能力培养和隐性教育的品格教育相结合，把深刻的德育教育内涵贯彻于科学文化知识教育之中。可以看到，学生在自己的生活中会将课堂所学的有关历代服饰色彩的专业知识主动讲述给其他专业的同学，他们自己查找图片、翻阅古籍，用形象的语言、翔实的数据、生动的事例，富有激情且无比自豪地科普着中国传统文化知识，感染着身边的每一个人。这充分证明德融教育得到了学生的认同，达到了春风化雨的教学效果，提高了学生学习的热情，使他们养成了不怕苦、不怕难、执着坚定的学习信念。

## (三) 增强了学生互相尊重的意识和团队精神

孟子曰:“爱人者，人恒爱之；敬人者，人恒敬之。”以“仁爱”为总纲所提倡的礼让、互助、谦虚等文化礼仪传统，融入课堂教学当中，使学生懂得了尊敬师长、团结同学的意义。课程过程当中需要同学们以小组为单位相互配合，共同完成每一个设计环节，在团队当中只有互相尊重、互相理解，互助互爱才能够顺利完成任务，相对于以前课程中各自做好作业的情况，这种形式让同学们能够更多地换位思考，学会了关爱与体谅。这是心灵的成长，是德育课堂赋予大家的崭新收获。团队合作让同学们有了较强的合作精神，分工明确、各负其责，大家积极参与讨论，不断完善设计，学习氛围有了很大的改观。

# 效果图技法 I

## 一、课程基本情况

环境设计属于艺术设计学科，“效果图技法 I”是环境设计专业的基础课程，通过课程训练，使学生掌握效果图的创作规律和手绘技法，形象化的展现室内外、建筑及景观设计的创意及构思，为今后专业课程的学习奠定牢固的基础。效果图技法的学习分为两个阶段，共 118 个学时，第一阶段的“效果图技法 I”课程共 64 学时，4 个学分，在大二第三学期完成，以单元课程作业成绩作为考核方式。

我国传统文化的核心思想是天人合一、道法自然。当代西方世界在遇到资源枯竭、气候变暖等诸多问题后，也认为我国这些优秀的传统思想在今天仍具有先进性，而这些德育元素与环境设计的理念有着内在的关系，效果图技法课程正是为环境设计服务的表现工具。环境设计发展到今天进入多元化风格时代，而当前以单纯追求夸张的外在形式，“以丑为美”、以“怪异”为创新的不良倾向正在建筑环境设计界蔓延，效果图技法是环境设计的前期基础课程，它对学生在起跑线上确立正确的以真、善、美为核心的指导思想具有重要的意义。

本课程的定位如图 8-1 所示。

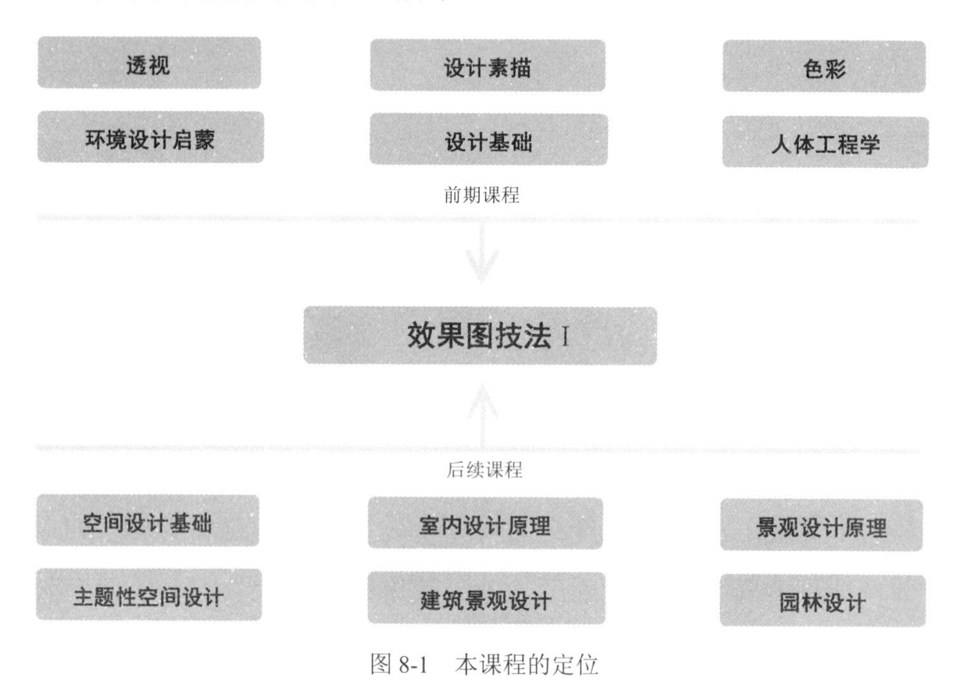


图 8-1　本课程的定位

## 二、德融教学设计及内容

本课程的目标是指导学生使用手绘技法来实现环境设计的创意表达，同时从精神、品格等方面融入真善美，远离当下经济社会所衍生的功利思想，将教学内容与德育内容相结合，使学生身心得到净化和提高。

本课程的教学由专业授课和课堂辅导作业两部分组成。

首先，在专业授课的理论部分，加入我国传统文化中“天人合一”“道法自然”的理念。其次，在课堂辅导中加入德融元素。课堂辅导在教学过程中占很大比例，而这也是艺术设计课程的特点。课堂辅导多数情况是师生一对一的交流，也是心与心的交流，因此在课堂辅导中加入德融元素较之前者也更自然、顺畅。具体可从“名人语录、德育故事、生活案例”三部分展开，在学习效果图表现技法的同时，提高学生的思想境界，树立正确的治学态度和人生观。

在制定的作业评分标准中加入德融元素(见表 8-1)。例如，将绘制的效果图能反映出真善美，反映出与自然的和谐，作为等级评分依据中的一条。

表 8-1　本课程作业评分标准

| 序号 | 章节 | 知识点 | 思政元素 | 实现形式 |
| --- | --- | --- | --- | --- |
| 1 | 第一章 | 效果图技法简介 | 环境设计应符合真、善、美 | 融入国学经典理念“天人合一”“道法自然” |
| | 第一节 | 效果图的发展历史与意义 | | |
| | 第二节 | 效果图的作用 | | |
| 2 | 第二章 | 效果图基础内容 | 儒家、道家美学思想 | 儒家“比德”的思想；道家“朴散则为器”的思想 |
| | 第一节 | 素描、速写、颜色 | | |
| | 第二节 | 效果图一点与两点透视 | | |

(续表)

| 序号 | 章节 | 知识点 | 思政元素 | 实现形式 |
| --- | --- | --- | --- | --- |
| 3 | 第三章 | 效果图常用工具 | | |
| | 第一节 | 常用纸张 | | |
| | 第二节 | 常用画笔 | | |
| 4 | 第四章 | 效果图技法练习 | 治学精神 | 《论语》《庄子》等文献中砥砺奋进的故事 |
| | 第一节 | 质感的表现练习 | | |
| | 第二节 | 配景练习 | | |
| 5 | 第五章 | 效果图技法绘制步骤 | 设计与自然的和谐 | 《论语》《庄子》等文献中富有哲理的语句 |
| | 第一节 | 实例：度假村景观效果图设计 | | |
| | 第二节 | 实例:公园景观效果图设计 | | |
| 6 | 第六章 | 效果图优秀作品评析 | 评分标准中加入德融元素 | 作品应反映健康美好的精神指向 |

## 三、教学方法及手段

我们在专业课程的学习中兼顾德育，引导同学们树德立人，形成正确的人生观和价值观，同时要进行合理的衔接和自然的切入，就如杜甫的诗句：“随风潜入夜，润物细无声。”否则生硬的政治说教会带来相反的效果。

## (一) 教学相长，德融于心

本课程的教学目标是将效果图技法的理论知识与德育进行生动、有机地融合。儒家是我国传统文化的主体，其思想理念符合现代对环境资源利用可持续性发展的认识，而道家的修为方式则与艺术的创作规律有着天然的联系。效果图技法应尽量避免与设计割裂，否则就失去了存在的价值，因此在理论讲授部分应注意环境设计意义和指导思想的讲述，而这里也是德融教育最好的切入点。例如，在课堂上介绍儒家经典《论语》中的“比德”思想，如“智者乐水，仁者乐山”，主张从伦理品格的角度观照自然。“子谓《韶》：“尽美矣，又尽善也。”因为《韶》表现的是尧舜禅让的乐曲，体现的是“仁义礼智”思想，因此孔子评价“尽善尽美”，这句话今天可理解为不但形式好，内容也要好，反映了中国人的审美倾向，“文质统一、尽善尽美”体现了美与善同一的审美观。

引导同学们树立正确的设计伦理观，在环境设计效果图绘制中摒弃纯粹的形式主义，不计成本的拜金主义，而是以经济、实用、美观为宗旨，体现低碳、绿色的时代诉求，画面中不追求怪异的图形，而是以展现符合正确价值观的人性美为目标。

## (二) 技进于道、精神融入

单纯的技术学习往往带来的是僵化，固有的程式会制约同学们今后在专业设计上的创新，这也是为什么一些入学成绩很好地同学在毕业时反而归于平庸的原因。因此，让同学们在进行作业量很大的效果图技术练习时，保有清晰的目标追求是十分重要的，同时明确本课程练习的目的不是技法的娴熟，而是作为工具为设计构想的形象化而服务。我们为同学讲述了庄子“庖丁解牛”的故事：庖丁解牛的技术出神入化，十九年解了数千头牛，而刀刃就像刚磨出来一样。“彼节者有间，而刀刃者无厚；以无厚入有间，恢恢乎其于游刃必有余地矣”，然而庖丁却说 “道也、进乎技也”(《庄子·养生主》)。“道”可以理解为人生追求，也可理解为规律。庄子在此提出以技体道，以技悟道，即通过现实生活中某项技艺会加以感悟，我们引导学生通过学习技法体察艺术之“道”，进而感悟人生大道。而同学们一旦进入“道”的状态，便不会觉得效果图技法练习的枯燥，而是将一张张作业当作走向成功的台阶。

## (三) 淡泊明志，发愤图强

学习的优劣固然与智商有关，但更需要后天的努力和不懈的追求。本课程的作业量很大，学生往往有抵触情绪，绘制的效果图追求数量不求质量。另外，课堂上学生“手机聊天”屡禁不止，“攀比炫富”更有害和谐的学习气氛，此时在课堂中择机讲解有针对性的国学经典，可提高学习效率，端正学习态度。例如，为同学们讲《论语》中的故事，“女奚不曰，其为人也，发愤忘食，乐以忘忧，不知老之将至云尔。”树立淡泊明志的典型。再如，孔子评价自己最喜爱的学生颜回：“一箪食，一瓢饮，在陋巷，人不堪其忧，回也不改其乐，贤哉，回也。”不贪图安逸的生活，自强不息，努力学习，由量变到质变，成为国家的栋梁。

### （四）真题假做，情景再现

模拟真实项目，使课程具有真实性、互动性的特征。体现环境设计专业人才培养模式的创新途径。例如，在绘制某设计公司的办公环境手绘效果图时，我们联系济南开发区积成电子有限公司，由其作为甲方提供设计内容、企业背景和场地数据等相关资料，为同学们下达真实的设计任务书。真实的情景使学生们脱离了临摹书本的单一形式，另外自身参与到真实的项目中，在进行调研后再绘制效果图，自然少了表面的华丽装饰，多了由内到外的实用性。更重要的是，让学生体会到效果图绘制的作用与意义。

## 四、教学效果

2016—2017 学年第二期，本课程被学校评选为“德融好课堂”。经过两个学期的德融教学实践，同学们提高了自身的思想觉悟，并体现在设计课程的学习中，设计创意能力、设计伦理得到了加强，人与自然的和谐理念深入学生的内心。通过课后调研发现，大部分学生在开课前都认为该课程是一门技法课，只用手不用脑，通过本课程的学习，感受到老师在传授表现技能的同时，在潜移默化中将德育思想传授给大家，丰富了自身的修养，更重要的是有助于建立具有正能量的价值观，而这种方式比单纯的思政课更易于接受。另外，我们在制定教案时有意识地在课程训练的本质上和意义层面上挖掘，并与德融教育相联系，超出了一般技法课的范围，在理论和意义上有所突破。学生们也反映，单纯的技法课比较机械和枯燥，而现在的技法课，使他们在提高表现技法的同时收获乐趣和信念，心情是愉悦和放松的。

课程结束后，同学们积极参加专业比赛，并取得了优异的成绩：

2016 年 省高校美术与设计师生基本功比赛一等奖

2016 年 “齐鲁工业大学十佳学生”称号

2017 年 山东省设计艺术大赛二、三等奖

2017 年 山东省高校美术与设计大赛二、三等奖

# 企业文化与跨文化管理

## 一、课程基本情况

“企业文化与跨文化管理”是面向管理学院人力资源管理、国际商务专业大三学生开设的一门专业选修课。该课程共32学时，其中教师授课16学时，学生参与16学时，学生参与包括课堂游戏、案例分析、课堂辩论，以及课堂讨论等。教学场景方面，本课程的开展充分发挥了教室的功能，利用桌椅的移动、讲台的空白场地，结合多媒体功能，设计不同的课堂游戏，尽可能设计和创建与游戏内容贴合的教学场景。

课程目标包括知识、技能和德育教育三个方面。在知识层面，让学生理解和掌握文化与管理的关系，促进学生理解文化的价值及如何促进不同文化间的融合。在技能层面，旨在提升学生对于文化的敏感性和洞察力，提升学生的跨文化沟通能力，以及培养学生的跨文化谈判能力。在德育教育方面，通过本课程的学习，让学生树立正确的职业理想，帮助学生培养健全的人格及良好的心理素质；培养学生对不同国家的政策、制度、文化的认识，以及对我国传统文化的认可和传承。

## 二、德融教学设计与内容

### (一) 总体设计思路

德融教学设计理念是将智育教育和德育教育有机结合，智育教育中融合“德”的因素，德育教育中涵盖“智”的元素，智育和德育有效融合共同促进课程目标的实现。智育教育主要包括两方面的内容：一是围绕课程目标选择合适的知识点作为教学内容；二是围绕教学过程效率和效果的实现，开展互动式的教学。德育教育则体现在两个方面：一是对于德融教学的深入反思，综合评价德融教学的效果；二是如何“润物细无声”式地开展德育教育，在潜移默化中提升学生的能力和素养。本课程总体设计思路如图 9-1 所示。

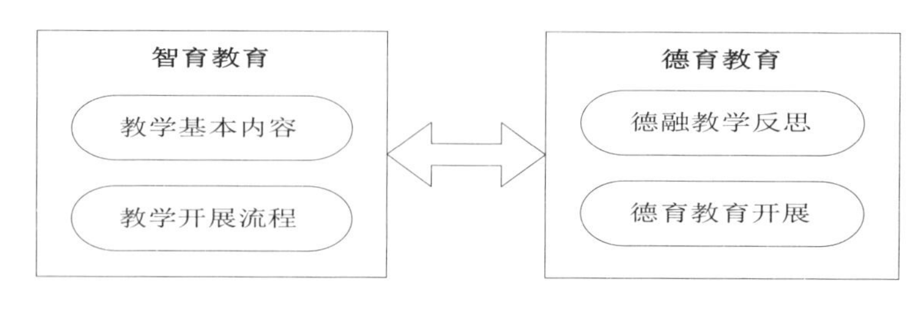


图 9-1　本课程总体设计思路图

## (二) 各章节智育和德育的融合

本课程的目的在于将智育教育和德育教育有机融合，实现“知行合一”。因此在章节内容的设计上，基于总体设计思路，均涵盖智育教育和德育教育两方面的内容。在智育教育方面，主要讲述各个章节教材涉及的关键知识点，并设计开展智育教育的流程，进而有效提升教学节奏感；在德育教育方面，则基于智育教育的内容，选择恰当的德育教育内容，做到“润物细无声”式的渗透式教学，避免灌溉式教学导致学生的学习兴趣下降，进而影响教学效果。各章节的智育和德育教育内容如表 9-1 所示。

表 9-1 各章节的智育和德育教育内容

| 章节 | 名称 | 智育教育内容 | 德育教育内容 |
|---|---|---|---|
| 第 1 章 | 全球化、文化与管理 | 文化的定义；文化的特征；文化与管理的关系 | 要求学生端正学习态度，激发学习兴趣，积极融入学习中，并通过学习从文化层面解释现有企业面临的问题和挑战 |
| 第 2 章 | 跨文化管理理论与实践 | 价值取向；文化维度；个体—集体主义；文化架构；需要导向 | 发扬我国优秀的传统文化，并将优秀的文化运用到管理实践中；鼓励学生树立正确的观念，提倡和宣扬具有正能量的观念和思想 |
| 第 3 章 | 用跨文化理论解读中外影片 | 观看不同国家的影视片段，用跨文化的五大理论解读影片 | 提升学生对不同文化的认识，帮助学生更好地了解中国和其他国家的文化距离，促使学生能够胸有成竹地处理各种文化问题 |

（续表）

| 章节 | 名称 | 智育教育内容 | 德育教育内容 |
| --- | --- | --- | --- |
| 第4章 | 跨文化沟通 | 沟通的跨文化差异；倾听的文化差异；沟通中的权力差距 | 详细探讨跨文化沟通中遇到的问题和挑战，发掘可能的解决方法和措施，提升学生根据不同文化情境分析问题、处理问题的能力 |
| 第5章 | 跨文化谈判 | 谈判的基本概念；跨文化谈判；如何取得跨文化谈判的双赢 | 在谈判中应该是知己知彼，同时不卑不亢，尊重对方，朝着双赢的目标，把彼此利益放在心中，才能真正获得跨文化谈判的成功 |
| 第6章 | 打造优秀的跨文化团队 | 团队建设中文化的角色；跨文化团队优、劣势；如何打造优秀的跨文化团队 | 帮助学生识别团队组建中的问题及解决策略，促进学生团队意识的培养及管理实践能力的提升 |
| 第7章 | 跨文化人力资源管理 | 跨文化人力资源管理的模式；员工和管理人员管理的文化差异 | 移植人力资源管理实践到其他文化时，必须谨慎地思考可能出现的障碍和结果，以及核心价值观的取舍和具体推行措施 |
| 第8章 | 培养全球化经理人 | 全球化经理人是如何炼成的；如何消除全球化经理人的脱轨 | 让学生明白任何一份工作都饱含着艰辛，必须不断学习，充实自己；同时需要具有一颗耐得住寂寞、经得起失败的心 |

# 三、教学方法及手段

## （一）课程使用的教学方法与手段

本课程采用多样化的教学方法，包括了理论授课、课堂讨论、案例讨论、情景模拟和游戏教学法。其中，理论授课包括多媒体教学、视频教学；课堂讨论包括课前知识回顾、课中问题讨论；案例讨论包括教材中的案例和中国管理案例分享中心下载的案例集；情景模拟和游戏教学法则是基于教材中的模拟游戏和教师根据教学内容自行设计的游戏。本课程的主要教学手段为多媒体教学，同时也涉及网站教学和手机 App 教学等。

## (二) 教学方法特色

游戏教学法是本课程教学方法的特色。各个章节融入一个课堂游戏，以游戏的形式教学，使学生在轻松的氛围中，在欢快的活动中，甚至在激烈的竞争中，不知不觉地学到教材中的内容，或者学到应该掌握的课外知识，进而引发学生的学习兴趣，充分发挥学生的主观能动性。

## (三) 具体案例展示

以第四章“跨文化沟通”的游戏教学法为例，进行案例展示教学示范。

### 1. 游戏的设计来源

某综艺节目中，邀请四名外国人，让他们将屏幕中的中国字写在白板上让中国人猜，由于中外书写习惯的差异，造成沟通不畅，笑料百出。这个游戏包含了跨文化沟通的差异性，可以将其改良用于跨文化沟通的教学过程中。

### 2. 游戏开展

在课堂中将学生分成八组，每一组选派四名同学，看一组外国字体，比如阿拉伯字体，越南字体等，然后让他们快速记忆并准确无误地写到黑板上，让学生们在参与的过程中体会跨文化沟通的差异。

### 3. 游戏总结

游戏总结分为两个方面：一是参与游戏的学生基于游戏体验，分享体会和感想；二是教师基于游戏开展过程和结果，详细探讨跨文化沟通中遇到的问题，以及可能的解决方案，提升学生根据不同文化情境分析问题、处理问题的能力。

## 四、教学效果

本课程通过两种方式考察教学效果：一是通过课程调研问卷，调查学生对于授课方式、内容、教学手段、教学节奏和德育教学情况的评价，旨在挖掘教师授课和学生学习中存在的问题，提升教学质量；二是期末试卷试题，本课程设计的试卷为开放式题目，目的在于发现学生对理论知识的掌握程度，运用知识解决实际问题的能力，以及从学生的问题解决方案中评价德育教育的效果。

整理同学们的意见反馈，总体上同学们对于本课程的德融教学效果是认可的。具体而言，首先，同学们认可每一章节所开展的德融教学与教学反思，认为本课程开展的德融教学设计是具有逻辑性和关联性的，没有生硬地开展德育教育，同时德融教学的开展确实影响了同学们的思维模式和行为习惯。其次，同学们认可本课程所强调的游戏教学法，认为游戏教学法确实能够提升他们的兴趣和参与感，但也有同学提出游戏后的总结环节仍需加强，尤其是应该让刚参与完游戏的同学及时分享经验。最后，同学们在问题处理方案的选择和决策过程中更具科学精神和团队意识，有些同学反映为了完成一份满意的小组学习成果，小组成员会熬夜整理资料和制作PPT。

# 统 计 学

## 一、课程基本情况

“统计学”是金融、国际贸易、投资等经济管理专业的核心专业基础课，共 3 学分、48 学时，一般在大二第三学期或第四学期开设。

统计学作为一门实践性很强的方法论应用学科，应用性和实用性较强。本课程介绍了获取信息、处理信息、分析信息的方法，系统阐述了统计设计、统计调查、统计整理、统计分析的基本理论，以及大量观察法、统计分组法、综合指标法、动态数列分析法、指数分析法、抽样推断法、相关与回归分析法、统计预测法等统计定量分析方法。

本课程在教学过程中坚持“理论够用，重在方法应用”的原则，突出统计分析方法的操作性和应用性，以培养和提高学生能力为重点，使学生能够运用统计学知识认识问题、分析问题和解决问题。在素质方面，该课程在传授统计学的基本理论、基本方法和基本技能时，结合德育元素，培养学生的科学精神、逻辑思维能力，认识国家的相关政策和制度，使学生在学会统计学相关知识的同时，也明白如何做人、如何做事。

## 二、德融教学设计及内容

统计学，是搜集、整理、显示和分析统计数据的科学，以揭示总体的特征和规律性。经济管理专业主要研究的是社会经济统计学，社会经济统计学是系统运用统计理论和方法研究社会经济现象的科学，研究对象是社会经济现象的数量方面，包括数量特征和数量关系等。通过对社会经济现象在一定时间、地点和条件下的数量方面的研究，揭示社会经济现象的规模、水平、结构、速度、趋势、各种比例关系和依存关系，从而更加深入地认识社会经济现象的本质特征和规律性。在这一过程中，蕴含着很多做人做事的思想，潜移默化地影响着大学生的成长，因此也为德融课堂教育提供了契机。

### （一）德融教学设计

统计学注重“德融教学”与“专业教学”的提升。例如，在讲授统计资料的时候，介绍统计的丰富数据，焕发学生民族自尊心和使命感；在讲授卫星遥感法的时候引入卫星遥感技术的运用，教育学生认识到科技是国之利器。将德育与专业教育融合，对学生进行潜移默化的道德指引。好学、正直、善良、诚信、爱国、独立等品质的养成不是一朝一夕的，教师在传授专业知识的同时对学生进行德育教育，将德育融入专业，要好过单纯的说教式的德育课程。具体来说，本课程的德融教学设计主要包含以下三个方面：

### 1. 大学生科学精神培养

加强当代大学生科学精神的培养和研究是一项艰巨而复杂的工程，科学精神能扩大大学生的视野，开阔胸怀，启迪智慧，对大学生的成长具有十分重要的作用。统计学的德融教学就是要培养大学生的科学精神，比如甘肃白银连环杀人案嫌犯落网，这是中国内地最恶劣的连环杀手之一在首次杀人的几十年后终于落网，据相关科研人员表示，这得益于法医人类学家常用的基因检测——通过对大量 DNA 的数量特征进行分析找到其各个家族的基因特征。科研人员研究了只存在于男性细胞并由父亲传给儿子的Y染色体遗传学材料，利用现代化技术成功地把中国男性的出身追踪到约 6 万年前来到中国南方的几个男性移民，又把从犯罪现场提取的 Y 染色体样本与中国男性人口中的其他样本进行了对比，比中了一个家族，最终确认了犯罪嫌疑人。在此案中，数据分析成为关键。

### 2. 大学生价值观引导教育

大学生是一个比较特殊的群体，承担的社会责任也较为重大。

对于大学生而言，他们有自己的思想，并且即将要步入社会，社会身份更加多样，需要面对的问题和挑战更多了。因此，大学生价值观念的正确与否直接影响到大学生的未来发展。统计学的德融教学就是要引导大学生形成科学的价值观，比如在大学内与人交往要做“众数”；成功需要规划，大学生要确定合适的目标；差异是必然存在的，不要苛求他人。大学生要立足于当下，形成科学的价值观，努力提升自我综合素质能力，为社会的发展做出更多的贡献。

3. 大学生爱国教育

爱国是大学生思想政治教育永恒的主题。统计学的德融教学就是要对大学生进行爱国教育，比如以统计的丰富数据焕发学生的民族自尊心和使命感。翻开中国近现代史，一系列统计数据映入眼帘：1840 年鸦片战争以后，帝国主义列强强迫清政府签订了 1100 多个不平等条约，迫使中国开放 100 余处通商口岸，霸占了我国的香港、台湾、东北等共计 150 多万平方公里的土地，从我国掠走 1000 亿两白银，人均达 200 多两。帝国主义列强控制了中国采煤总量的 93%，控制我国航运和铁路达 80%和 90.7%；在抗日战争时期，日军在我国烧杀掠夺，仅在南京一地就惨绝人寰地屠杀我同胞 30 多万人，经过八年艰苦抗战，中国军民伤亡人数在 3500 万人以上，战争财产损失达 560 多亿美元，使我国人民付出了巨大的牺牲和代价，使中华民族蒙受了巨大的屈辱；新中国成立后，在中国共产党的领导下，经过全国人民的艰苦努力，在旧中国一穷二白的基础上建立了独立完整的工业体系和国民经济体系，工农业主要产品产量有了几倍、几十倍，甚至几百倍的增长， 跃居世界前列。通过这些统计数据的讲授可以牢固树立起学生强烈的民族自尊心和自豪感，焕发起学生的民族精神、时代精神和创业精神，使学生充分认识中国国情和自己应履行的社会责任，激发学生肩负历史重任的使命感。

## (二) 德融教学内容

德融教学贯穿于统计学课程中的各个章节，在专业教学的过程中，在相关知识点的讲授中，对学生进行德育教育，顺畅自然、不觉突兀、润物无声。我们主要以前四章为例介绍德融教学的内容：

在第一章绪论中包含了四节内容，德融教学内容主要渗透在第一节统计与统计学、第二节统计学的研究对象和方法，以及第四节统计中的基本概念。德融教学：以统计的丰富数据焕发学生民族自尊心和使命感；甘肃白银连环杀人案嫌犯落网，数据分析成关键；相信数据，点亮光明。

在第二章统计调查与统计整理中包含了六节内容，德融教学内容主要渗透在第一节统计调查概述和第六节统计图表中。德融教学：没有调查就没有发言权；科技是国之利器；透过洛伦兹曲线理性看待我国贫富差距。

在第三章统计数据的描述中包含了四节内容，德融教学内容主要渗透在第一节总量指标、第二节相对指标、第三节平均指标、第四节标志变异指标中。德融教学：理性看待我国 GDP；大学生要接受国耻教育；大学生要树立正确的恋爱观和择偶观；态度决定一切；补齐短板，促进自身全面发展；在大学内与人交往要做“众数”；成功需要规划，大学生要确定合理的目标；差异是必然存在的，不要苛求他人。

在第四章时间序列分析中包含了四节内容，德融教学内容主要渗透在第一节时间序列概述、第二节时间序列的指标分析法、第四节季节变动分析中。德融教学：成功没有捷径可走，需要脚踏实地；99%×99%×99%×99%……≈0；学会反季购物。

## 三、教学方法及手段

在统计学的教学实施过程中，根据教学目标和教学内容，综合运用了多种教学方法和手段，以开展德融教学活动。

### （一）讲授法

讲授法是最传统的一种方法，在以语言传递为主的教学方法中应用最广泛，教师通过口头表达向学生传授知识，进行思想教育。

在讲述第二章统计图的曲线图时，我们先介绍了曲线图，然后介绍洛伦兹曲线，教育大学生理性看待我国的贫富差距，进行爱国主义教育。

洛伦兹曲线的弯曲程度有重要意义。一般来讲，它反映了收入分配的不平等程度。弯曲程度越大，收入分配越不平等，反之亦然，特别是，如果所有收入都集中在一人手中，而其余人口均一无所获时，收入分配达到完全不平等，洛伦兹曲线成为折线OHL；反之，若任一人口百分比均等于其收入百分比，从而人口累计百分比等于收入累计百分比，则收入分配是完全平等的，洛伦兹曲线成为通过原点的45度线OL。一般来说，一个国家的收入分配，既不是完全不平等，也不是完全平等，而是介于两者之间。相应的洛伦兹曲线，既不是折线OHL，也不是45度线OL，而是向横轴突出的弧线OL，尽管突出的程度有所不同。

一般来说，一个国家在贫穷时，其贫富差距就大些；在富裕时，贫富差距就小些。不过，还是有例外的，如我国，原因是我国的福利制度的完善跟不上发展的速度，制度不完善，存在漏洞；另外一个原因是我国的特殊情况，我国处于计划经济体制向市场经济体制转变的过程，这个过程非常漫长，所以，中国贫穷时的贫富差距很小，但现在经济好转了，贫富差距却越来越大了。

作为当代大学生，要理性对待我国的贫富差距。

首先，要用全面的观点看问题。对我国的贫富差距问题既不能夸大，也不能无视其日益扩大的现状，更不能因此否定我国为缩小贫富差距所做的努力。改革开放以来，中国经济保持了持续的高增长，社会生产力和国家综合实力不断增强，社会的总财富大量增加，广大人民群众的生活水平显著提高，贫困人数也大幅度减少，中间阶层在逐步扩大。但是，城乡区域发展差距和居民收入分配差距依然较大。社会成员之间的收入差距(包括地区之间、城乡居民之间、行业之间的收入差距)呈现出扩大之势，而且这种趋势目前仍未得到根本扭转。

其次，要用发展的观点看问题。贫富差距扩大是一种世界性的共生现象，是社会发展到一定历史阶段的产物。历史经验表明，一定程度的贫富差距扩大是现代化发展过程中很难逾越的阶段。在现代化发展过程中，无论是现在已经处于发达水平的国家，还是发展中国家，都经历了贫富分化的阶段，贫富分化是现代化发展过程中的通病，不是中国独有的产物。库兹涅茨的“倒U假说”认为，一国在向工业文明过渡的经济增长的早期阶段，收入差距会迅速扩大，尔后是暂时稳定，随着工业化的进一步发展，到工业化后期阶段，收入差距会逐渐缩小。应该看到，我国当前的贫富差距问题是快速发展过程中的问题，是“成长中的烦恼”，是中国社会走向现代化的必然代价之一。

我们大学生要坚信，通过中央、地方各级全面深化改革领导小组统筹推进各领域改革，统筹兼顾、协调各种利益关系，将缩小贫富差距作为一个系统工程来抓，我国必将缩小城乡、区域、行业收入分配差距，形成橄榄型分配格局。

## (二) 发现式教学法

发现式教学法，是向学生提出一些他们感兴趣的问题，让学生积极思考，提供解决问题的各种假设，然后发现并掌握其相应的规律，最终解决问题。

在讲述第三章比例相对指标时，我们先介绍了比例相对指标的定义，然后介绍比例相对指标的作用，最后给出了一些理工类院校和师范类院校的新生男女人数，让学生进行计算，使学生在思考题目时发现问题，产生感悟。

我们以“女儿国”和“和尚庙”的通俗说法引出相应讨论，教育大学生要树立正确的恋爱观和择偶观。一般女生占绝大比例的学校被戏称为“女儿国”，那么相对应的，男生占绝大比例的学校就被称为“和尚庙”。在调侃“女儿国”“和尚庙”的同时，很多人也在担忧严重失衡的男女比例会不会给学生的成长带来负面影响。心理专家认为，男女比例严重失衡的环境对学生的成长确实有不利之处，尤其是在自我概念的形成、择偶交友等方面。

首先，在自我概念的形成方面，也就是学生对“我是一个怎样的人”的认识方面可能会出现偏差。一方面，“女儿国”里的女生、“和尚庙”里的男生可能会不自信。从高中升到大学，这些学生身边的同性增多，同性之间的竞争增强，导致学生对自己的评价不那么客观。另一方面，“女儿国”里的男生、“和尚庙”里的女生可能会过度自信，他们的自信是来源于与一个极小的群体的对比。但是进入社会后，他们在与更多的同性进行竞争时，可能会受到打击和创伤。比如，某位女生在综合性大学或者理工类大学学习，一直被誉为“校花”“班花”，但是某天踏入众花纷纭的“女儿国”或参加工作后进入社会，与周围的人对比后，这位女生会觉得自己其实不是特别的漂亮和优秀，也许就会导致心理落差。

其次，从发展心理学的角度来讲，大学生处于青年时期，这个时期是对情感有需求、并培养爱的品质的阶段。但是在同性人数较多的学校中，学生异性交往的需求可能无法实现。久而久之，可能会产生极端的情况：一方面，有些学生的情感需求会慢慢地变相从同性交往中获得，从而影响性取向；另一方面，由于长期不与异性交往，完全投入学习中，有些学生在毕业参加工作后，有交往意识和交往需求时，可能在择偶的标准定位、与异性交往能力等方面出现问题。

恋爱与婚姻是人生的学问，我们要正确认识男女学生比例失衡的问题，多读书培养良好的修养，努力工作有较好的经济保障，如此才更有可能获得幸福。

## （三）头脑风暴法

头脑风暴法，就是让学生无限制地自由联想和讨论，从而产生新观念、激发创新设想。

在讲述第四章时间序列时，我们先介绍了发展速度，然后让学生计算 100 个 99%相乘，1000 个 99%相乘，并得出结果。最后发现 99%×99%×99%×99%……≈0。

结果竟是 0？惊讶，感叹，思考。99%应该算是不错的结果了，但若是每个程序都有漏洞，最终结果就会像前面计算的结果一样，很可能会导致失败。成功没有捷径可走，需要脚踏实地。我们把全班 40 位同学分成 8 组，每组 5 名同学，让他们分组讨论日常生活中我们学习的态度应该是怎样的，作为大学生应该确定什么样的目标，每位同学都要结合自身情况发表意见，最后教师简单总结、评价。我们告诫学生，千万不要好高骛远，从最基础的开始。当学生认识到了自己的使命，学习也会更有动力，产生愉快和幸福的感受，从而克服困难，勇往直前。

## 四、教学效果

### (一) 德融教学目标的实现

本课程的德融教学取得了较好的效果，受到学生的普遍欢迎，能够调动学生学习的热情和积极性。教学结合了课程特点，充分发掘德育因素，有机地渗透德育内容，对学生进行职业理想、职业意识、职业道德与创业精神教育，学生树立了正确的职业理想，确立了正确的职业观、择业观、创业观，形成符合社会和个人实际的就业观，提高自我就业能力，做好适应社会、融入社会的准备。

通过德融教学，学生培养了社会公德、职业道德意识和文明行为习惯，遵守公民基本道德规范，诚实守信，敬业爱岗，心中有祖国、心中有集体、心中有他人，学会处理人与人、人与社会、人与自然的关系。通过统计学的德融教学，学生具备了健全的人格和良好的心理品质，正确认识自我，增强自信心，乐观向上，学会合作与竞争，提高应对挫折、匹配职业、适应社会的能力。

## （二）学生对德融教学的主观性评价

学生普遍反映统计学的德融教学贴近学生、贴近职业、贴近社会，将实践教育、体验教育、养成教育融合到一起，能够让知识学习与能力培养和行为养成相统一，切实增强了针对性、实效性和时代感，充分发挥了德育教育在促进学生全面发展和综合职业能力形成中的重要作用。

# 投 资 学

## 一、课程基本情况

“投资学”是金融学院针对金融学、保险学和投资学三个专业开设的一门专业必修课程。该课程在大三第一学期开设，3 学分，共 48 学时。

投资学属于经济类核心课程，是一门以众多学科为基础的课程，是以投资行为与资金配置为研究对象，解释资本市场运行的现象与内在规律，探求实现资本市场均衡的主要理论与方法的经济学课程。

我们在培养学生能力的过程中，重点关注以下三个层面：在知识层面，以证券投资为例，教授学生掌握投资学的主要理论、模型与方法；在能力层面，培养学生能运用所学理论与方法，度量收益与风险、进行具体的资产价值分析并构建投资组合；在德育层面，着重强调社会主义核心价值观个人层面的基本规范，培养爱国、敬业、诚信、友善，德才兼备的优秀人才，使得学生在注重学习、追求真理的过程中能够励精图治、践行美德，做新时代的天之骄子。

## 二、德融教学设计及内容

### （一）德融教学设计理念

在全球经济一体化、市场对外开放、跨国公司发展等多种因素的共同作用下，投资从理论到实践都出现了许多新特点，从而使得教师在投资学授课过程中面临着许多新的挑战。在中国特色社会主义新时代背景下，习近平总书记强调党对教育事业的全面领导，强调坚持把立德树人作为根本任务。投资学的教学工作理应在新的背景下展开。

我们深入挖掘投资学课程中饱含的思政教育元素，在教学过程中结合专业知识和社会现实，采用多种形式巧妙地融合社会主义核心价值观、中国优秀传统文化等思政内容。通过课堂教学这一主渠道，实现思想价值教育与知识体系教育的有机统一，让学生在感受生命成长的过程中，形成正确的世界观、人生观、价值观，从而在潜移默化中实现个人品德的提升。

## (二) 德融教学设计策略

投资学课程的主线非常清晰，开篇通过投资的定义、投资过程、投资环境来介绍投资分析的基础和背景，随后以证券投资分析为例，阐述了投资过程的五个环节。在投资学教学过程中融合德育内容，需要充分考虑课程自身的特点和所授内容的实际情况。在设计德融教学时，我们主要遵循三个步骤：首先，根据所授内容找准“德融教学”的切入点；其次，引入相关的德育内容；最后，将德育内容进一步升华，进而实现立德树人的根本任务。

### 1. 寻找德融教学的切入点

在专业课程的教学过程中融入德育内容，需要结合专业课程讲授的知识，寻找合适的切入点。由于进行的是专业课程的教育，专业知识的讲授是课堂内容的核心，切入点是进行德融教学的关键时点。如果没有切入点的介入，直接进行德育内容的传授，教学过程就显得过于生硬、突兀。在学生的眼里，我们的“德融教学”或许就成了简单的德育教学，我们的课堂或许就成了纯粹的思政课堂。这样既达不到传授专业知识的目的，德育教育的效果也会大打折扣，课堂教学就成了名副其实的“四不像”。

由于投资学是一门综合性很强的课程，所以在寻找德融教学切入点方面是比较容易实现的。投资背景、投资环境、收益的计算方法、影响投资的因素分析、有效市场假说的创始人、债券和股票的相关分析、投资组合的构建原理、业绩评价方式等，都是开展“德融教学”的切入点。

### 2. 引入相关德育内容

开展德融教学的目的是在专业课程的教学过程中进行德育教育，因此借助切入点引入德育内容是非常关键的环节。课堂引入的德育内容千变万化，其来源可以是多方面、多角度的。有时同一个专业知识点，结合不同的历史典故、现实背景、社会热点、校园话题，可以引入不同的德育内容。尤其是借助社会热点和同学们感兴趣的校园话题来引入德育内容，一方面可以活跃课堂气氛，调动大家的课堂情绪，另一方面可以加深同学们对专业知识的理解。

在投资学德融教学的开展中，我们借助于概念、定理、原则、计算方法、问题分析方法、理论的创始者、学说的贡献者、同学们的具体专业等，引入了很多德育内容：有中华传统美德方面的、有社会公德方面的、有职业道德方面的、有唯物辩证方面的、有社会主义核心价值观方面的。通过引入丰富的德育内容，让专业课焕发了“思政”的活力。

### 3. 升华德育内容

这是德融教学的最后环节。升华德育内容既是对引入德育内容的一种凝练，也是对德育内容的一种强化。教育是一个长期的过程，因此德育教育也需要不断地强化才能有很好的效果。在升华德育内容环节，要注意升华的高度，不宜过度拔高。只有真正研究学生的需求、充分利用教学资源、不断拓展教学思路，将德融教学落实、落地，才能使德育内容深入学生心中。专业课程中德融教学散发出来的“思政”味，通过对引入德育内容的升华，能够起到不断强化的作用，有助于同学们形成正确的世界观、人生观、价值观，达到立德树人的良好效果。

## (三) 德融教学的内容

投资学课程中具体的德融教学内容，如表 11-1 所示。

表 11-1 课程中的德融教学内容

| 章节 | 教学内容 |
| --- | --- |
| **第一部分 导论** | 本部分内容是投资分析的基础和背景，主要介绍投资的概念、投资的过程、投资环境(市场交易机制和相互传导机制)，为以后的理论和分析的展开提供铺垫 |
| 绪论 | 通过对 2008 年全球金融危机的分析，阐述中国政府在此次危机中的应对措施及其产生的积极影响，引导同学们关注国家的发展，强调爱国精神和激发报效祖国的热情。通过学习投资学前期基础知识，强调千里之行始于足下的道理，使同学们明白做任何事情都要脚踏实地、兢兢业业。通过结合同学们的专业和投资的关系，引入保险也是一种很好的投资理念，进而通过富人购买保险来传承财富这个例子，教导同学们要努力奋斗，不要坐享其成，同时要懂得感恩，回馈社会 |
| 第 1 章 投资环境 | 通过指令驱动的竞价制度，引申出竞争意识的重要性和合理的竞争行为。希望学生们在学习过程中，能够形成“赶、帮、超”的良好竞争氛围。通过分析做市商市场和指令驱动市场的优缺点，引导同学们在生活中应该学会辩证地分析问题。通过证券交易过程中的委托环节，引导出忠诚和守信等品德，这是同学们将来参加工作后，立足社会的必备品质。但也要明白，忠诚并不是一味顺从，讨好别人。通过欺诈、内幕交易、操纵市场等禁止交易的行为，提出诚信等理念，进而引导出社会主义核心价值观，倡导同学们要积极践行 |

(续表)

| 章节 | 教学内容 |
| --- | --- |
| **第二部分 投资目标** | 本部分主要介绍了风险和收益的衡量、投资者行为偏好两个影响投资的因素 |
| 第2章 风险与收益的衡量 | 提醒同学们，不止投资有风险，生活中处处都要增强风险意识，提高防范能力。通过收益率的计算，引导同学们了解复利的概念，从而警惕社会上的各种消费贷款，形成良好的消费习惯。通过分析市场模型的来源，引导同学们分析问题应该由简及繁，化繁为简，采用循序渐进的思路。通过分析行业发展和宏观经济发展对企业、公司的影响，引导同学们加深对家与国关系的深刻认识，即有了强的国，才有富的家，倡导爱国意识、家国意识 |
| 第3章 理性前提与风险偏好 | 通过分析理性条件，向学生阐述“经济人”假设的来历，引导学生分析问题时要了解问题的背景。通过悖论的讲解，提出质疑和科学之间的关系，强调科学需要质疑，但是质疑要有依据、有门槛。通过分析风险态度，强调赌博的危害，告诫大家远离赌博 |
| **第三部分 投资策略** | 本部分主要介绍了有效市场理论、检验和相关的投资策略 |
| 第4章 基于有效市场理论的投资策略分析 | 法玛提出的有效市场理论历经半个多世纪，在2013年获得诺贝尔经济学奖，引导学生做学问要有耐心，任何成果的取得都不是轻松实现的。关于有效市场假说的相关检验，引导学生对于任何理论都要和实际相联系，实践是检验真理的唯一标准。通过分析周末效应、小公司效应等各种现象，倡导同学们深刻认识经济学的假设基础，敢于向传统提出挑战 |

(续表)

| 章节 | 教学内容 |
| --- | --- |
| **第四部分 资产价值分析** | 本部分主要介绍了债券价值分析、股票价值分析和衍生证券价值分析 |
| 第 7 章 债券价值分析 | 通过债券的概念引出信用和使用信用卡提前消费等问题。基于目前信用卡市场过度透支和办卡泛滥的现象，引导同学们要珍惜自己的信用记录，不要当“卡奴”，消费要量力而行。诚信是我们人生最大的名片，珍惜信用。通过分析税收待遇对债券价值的影响，引导同学们认识纳税的重要性，如果今后创业要照章纳税、合法经营 |
| 第 8 章 普通股价值分析 | 通过分析股票价值引出明确股东的权利和义务，普通公众的权利和义务，在生活、工作、学习中遵守社会公德。通过股利的概念，引导学生理解只有付出才有回报。通过股息贴现模型的介绍，引导同学们要带着发展的观点看问题，做事情不能只顾眼前利益 |
| 第 9 章 衍生证券价值分析 | 通过期货保证金，引导学生理解自由与纪律的关系，只有遵守纪律才能享有充分的自由。通过互换，引导学生要多角度考虑问题，结合当前美国的单边主义，理解我国提出的多边贸易，合作共赢的理念 |
| **第五部分 投资组合构建** | 本部分介绍了经典的四大投资组合理论 |
| 第 10 章 投资组合的经典理论 | 凡是模型，都是在一定假设条件下的结果，引导学生不要盲目相信模型，理解尽信书则不如无书。借助投资组合的构建原理，引导学生在生活中要注意规避风险。通过 CAPM 模型的构建，结合华为事件，引导学生理解大环境对个体的影响，个人命运与国家命运的关系，激发学生的爱国热情，弘扬爱我中华的爱国主义精神 |

(续表)

| 章节 | 教学内容 |
| --- | --- |
| **第六部分 投资组合业绩评价** | 本部分主要介绍投资组合业绩评价的基准模型、方法和具体案例 |
| 第 12 章 投资组合的业绩评价 | 通过投资组合的业绩评价中涉及的过程评价和事后评价，引导同学们在学习、生活、工作的过程中，除了关注结果外，还应该重视过程的享受，体会事情的发展过程带给我们的启发 |

# 三、教学方法及手段

## (一) 讲中练，练中学

在教学方法方面，我们提出“讲中练、练中学”的理念，基本以讨论法、讲授法和练习法等多种方法开展课堂学习。在讨论法中，通过设置问题，引导学生深入思考，从而探究新知识；在讲授法中，我们逐步进行演示，详细分解过程，系统构建学生的知识体系；在练习法中，根据实际问题应用所学知识，锻炼学生解决问题的能力。在教学过程中，我们往往多种方法组合使用为教学服务。

## (二) 以学生为主体，以教师为主导

我们的宗旨是“以学生为主体，以教师为主导”。根据不同的内容，学生可以采用自主探究法、角色扮演法、小组合作法等形式完

成学习任务。这些学习方法可以很好地培养学生的创新实践能力和团队合作精神。通过心到、眼到、手到，全方位锻炼学生，从而达到“求真学问、练真本领”的目的。

案例一：

我们在分析股票价值的时候，要明确股东的权利和义务(讲授法)，这对于股票的价值分析是非常必要的。那么作为普通公众，我们在现实生活中作为社会的一分子，又分别有哪些权利和义务呢(小组讨论法)？

我们作为社会大家庭中的一员，每个人都应该承担相应的社会责任。2018 年 10 月 28 日发生的重庆公交车坠江事件，相信大家都记忆犹新(案例分析法)。这起悲剧居然是因为一位坐过站的乘客与公交司机发生冲突，从而致使公交车失控冲入江中。在未来，我们极有可能就是公交车司机、当事女乘客和其他乘客中的一员。我们在为 15 条鲜活的生命惋惜的同时，也要时刻牢记安全意识、责任意识。只要我们在生活、工作、学习中遵守社会公德，很多冲突都是可以避免的。进一步，我们引导学生思考如何正确处理今后生活中遇到的一些冲突(启发式教学法)。

案例二：

在讲授远期合约价值分析时，首先提出“如何为自行车定价”(问题教学法)？利用资本市场无套利原则的讲述，引导学生在利益面前要经得起各种诱惑，明白无功不受禄的道理。

在具体到无收益证券的远期合约价值分析时，我们通过情景设置一个简单的证券市场，让学生们通过分组合作扮演各种不同的角色(情景教学法和项目式学习法)。通过课堂角色扮演的形式，培养学生的团队合作精神和创新意识。学生既参与了课堂活动，又加深了对所学问题的认识，学习兴趣和热情激增，课堂氛围非常好。

最后设置课堂提问及课后作业(课堂练习法)，进一步加深学生的印象，让学生掌握这节课的重点内容。可提出发散、扩展、升华学生思维的问题，引导学生多角度思考问题的解决方法，有利于学生将来开展更深入的研究(角色扮演法和小组合作法)。

## 四、教学效果

通过我们对德育内容的渗透，同学们的德育素质有了较大的提升。在实训环节，有一项任务是观看纪录片《华尔街》，了解资本市场，最后写一篇观后感。有的同学写道:“但愿股市中的每一个人都能保持一颗平常心，运用理论知识，该舍弃时就舍弃，做一个理智的股票投资人。”有的同学引用康德的名言写道:“这个世界唯有两样东西能让我们的心灵感到深深的震撼，一是我们头顶灿烂的星空，二是我们内心崇高的道德法则。”可以看出，我们通过“润物无声”的方式在专业课程的课堂教学中融入德育内容，让学生嗅到了“思政味”，品德修养在无形中获得升华。除了德育素质外，学生的各方面能力均得到了很好的提升。艳丽的德育之花，结出了丰硕的教学质量之果：

(1) 通过反复练习，学生的作业有了很大的改观。前期很多同学的专业符号和数字的书写都不规范，后期大家的正确率提高了很多、作业的条理性也有了很大的提升。

(2) 课堂纪律更好了，不存在无故旷课的情况。上课时听课的效果也有所提高，对于课堂上提出的小问题，同学们都能及时回答、及时反馈。课下大家就所学知识积极展开讨论，每位同学都努力做到最好。

(3) 同学们复习得非常认真，每个人都根据自己掌握的内容，绘制了课程思维导图、整理了复习提纲，以便更好地掌握知识。

(4) 考试过程中大家的诚信意识加强了。期末考试时，桌面干净，桌洞无杂物，所有复习资料和书包均放置在指定位置，同学们的手机也都统一放在讲台上，心无旁骛地完成考试。

可以看出，通过我们“润物无声”的德融课堂，学生的品德在潜移默化中得到了升华，取得的效果比任何空洞的说教都要好。

# 大学英语 I

## 一、课程基本情况

“大学英语 I ”课程是面向我校所有非英语专业学生开设的公共必修课，共 4 学分，64 学时，在大一第一学期开设。

本课程主要讲授英语语言知识，培养学生用英语进行听、说、读、写、译的能力，以及跨文化交际意识。除此之外，期望通过教师有意识的引导，学生能够对课文传递出来的价值观或思想倾向进行批判性反思，树立积极向上的人生观和价值观；通过对西方文化的深入理解和对中西方思想文化的比较，能够更加全面和辩证地看待中国传统文化和传统美德。

# 二、德融教学设计及内容

## (一) 德融课堂教学内容

本课程采用的是上海外语教育出版社出版的《全新版大学英语》(第二版)的第一、二册，教师根据教学计划和学生水平从中选取了六个单元。教材采用单元式编写模式，每个单元安排了不同主题的课文。这些主题大都贴近社会现实，以及学生的学习和生活，如成长、梦想、虚拟世界、挫折等。课程教学过程中，教师将根据每个单元不同的主题选择不同的切入点，挖掘其中的德育元素，让德育内容以一种贴近学生的方式渗透教学中的各个环节。各个单元的主题及德融课堂的切入点如表 12-1 所示。

表 12-1　各单元的主题及德融课堂切入点

| 章节 | 单元主题 | 思政元素 | 实现形式 |
| --- | --- | --- | --- |
| Unit I Text A The Art of Eating Spaghetti | 成长 | 珍惜成长中的每一次宝贵经历，把握当下、珍惜青春时光 | 谚语收集：学生分组课前收集中西方关于珍惜青春时光的谚语并做课堂汇报 |
| Unit 4 Text A Tony Trivisinno's American Dream | 美国梦 | 让学生参照美国梦的内涵，思考“中国梦”的含义及其实现途径，增强为中国梦的实现而奋斗的责任感 | 案例分析：学生分组收集并汇报施瓦辛格、奥普拉、奥巴马等美国梦的代表案例<br>访谈与汇报：学生课前就“什么是中国梦？中国梦对我来说意味着什么？”在小组内互相采访，课堂汇报采访结果<br>课后写作：我对中国梦的理解 |

(续表)

| 章节 | 单元主题 | 思政元素 | 实现形式 |
| --- | --- | --- | --- |
| Unit 1 Text A Ways of Learning | 中西方学习方式的对比 | 让学生理解并对比中西方教育的不同。让学生领会学习上我们应取长补短，勇于开拓创新，勇于追寻真理 | 观看视频：学生观看纪录片《我们的孩子足够坚强吗？》片段<br>课堂讨论：中西方学习各存在哪些利弊？我们应怎样学习？ |
| Unit 2 Text A A Life Full of Riches | 物质财富与幸福的关系 | 让学生理解物质财富与幸福感之间的关系，树立正确的财富观和价值观 | 课堂辩论：课文主人公(一个热衷公益但物质贫乏的人)是否真的富有？<br>课后写作：我对幸福的理解 |
| Unit 4 Text A The Virtual World | 虚拟世界 | 让学生辩证思考网络带来的利弊，思考如何克服网络依赖。并进一步延伸至辩证看待科技的利弊 | 课堂讨论：科技/网络如何改变我们的生活？<br>头脑风暴：如何克服手机依赖症？ |
| Unit 5 Text A Overcoming Obstacles | 克服人生中的挫折 | 让学生能够以正确的态度面对生活中的挫折和挑战，树立积极、乐观、向上的人生态度 | 案例分析：学生分组收集并汇报张海迪、霍金、尼克•胡哲等战胜困难、取得成功的中西方名人案例<br>情境写作：学生以《假如遭遇……》为题设想自己未来人生中可能遇到的挫折，并提出解决方案 |

## (二) 德融课堂教学设计

本课程教学设计的总体理念是“以语言知识为载体、以语言技能训练为重点、以中西方文化对比为视角、以价值观引导为统领”，将德育内容渗透到语言知识、语言技能和跨文化知识的教学之中。下面将以第二册第四单元“Tony Trivisinno’s American Dream”为例对课堂教学设计进行说明。

### 1. 教学目标设置

这一单元的主题是美国梦，课文讲述了来自意大利的移民 Tony Trivisinno 在美国白手起家、实现梦想的故事。结合全国上下正为实现“中国梦”而奋斗的现实，教师在知识目标和技能目标之外，为本单元设定了德育目标：从美国梦引申到中国梦，让学生思考何为中国梦，以及自己应当为中国梦的实现做些什么。

### 2. 教学环节设置

基于上述目标，教师设计了导入、课文结构理解、语言知识学习、课堂汇报、课后作业五个教学环节，并在每一教学环节中都融入了德融的内容。

(1) 导入。课前安排学生分组收集从底层白手起家，并在美国取得成功的案例，学生在导入部分做课堂汇报，讲述他们的事迹。学生提到的案例有奥普拉、施瓦辛格和奥巴马等。教师引导学生进一步讨论他们的共同点及取得成功的原因，随之引出美国梦的话题。教师点评总结，引导学生意识到任何人的成功都绝非易事，而是需要脚踏实、努力拼搏。同时，让学生在更深刻的层面上意识到，正如美国梦的实现是依靠无数个体的努力来成就，中国梦的实现也与我们每个人息息相关。

(2) 课文结构分析。教师设置“Tony 美国梦的实现经历了哪些阶段？”这样一个问题，并要求学生借助图片完成复述(见图 12-1)。

图 12-1　参考图片

这一任务一方面帮助学生把握课文结构并锻炼口语表达能力，另一方面可以让学生感受到任何梦想的实现都需要我们脚踏实地、一步一个脚印地去奋斗。

(3) 语言知识学习。课文中的词汇、句子等语言点较多，在此仅举两个例子进行说明。

在词汇讲解中，讲到 assume 这一生词时，教师引用中国外交政策的论述“我们的着力点之一是承担国际职责和义务”作为例句，让学生进行翻译练习。(译文为：One of our priorities is to assume international responsibilities and obligations)。既能让学生学习 assume responsibilities 和 assume obligations 这两个搭配，又能让学生了解中国梦实现过程中的大国外交新理念。

在讲解 Tony did not begin on the bottom rung of the ladder. He began in the basement.Tony's affairs were tiny; the greatest industrialists' affairs were giant. But, after all, the balance sheets were exactly the same. The only difference was where you put the decimal point. 这一段话时，让学生完成以下进行比较的表格(见表 12-2)，对 Tony 与美国大企业家进行对比。

表 12-2 比较表格

| | Industrialists | Tony |
|---|---|---|
| basis | | |
| affair | | |
| balance sheet | | |

通过对比，引导学生意识到人的起点不同、能力有所差异，最后的成就也会有大有小，但是每个人都不应当停止追求自己梦想的脚步，我们对成功的理解也应当更加辩证和全面。

(4) 课堂汇报。要求学生课前就“什么是中国梦？中国梦对我意味着什么？”采访同组同学，在课堂上汇报采访结果。通过学生的发言交流和教师的提炼总结，引导学生意识到不同于“美国梦”

对个体自由的强调，“中国梦”蕴含了国富军强、国家统一、公平自由、民生改善、安居乐业等多层次的内容。同时，引导学生领会到中国梦与我们每一个人息息相关，它的实现离不开我们每一个人的参与。教师抓住时机教育学生，每个人都应当像课文的主人公一样既怀揣远大的理想，又能脚踏实地地奋斗。

(5) 课后作业。要求学生以“我对中国梦的理解”为题用英文写一篇 150 个单词左右的作文。既培养学生的英文书面表达能力，又深化了学生对中国梦的理解。

总之，本单元的教学设计从对美国梦的介绍开始，到对中国梦的思考结束。整个教学设计尽量通过运用灵活多样的教学方法让专业知识和德育内容有机融合起来，在学习课本内容的同时激发学生为实现自己的人生梦想而奋斗的勇气，以及为中国梦的实现而奋斗的责任感。

## (三) 考核与评价

本课程采用过程性评价与终结性评价相结合的方式进行考核，平时成绩与期末卷面成绩各占 50%。平时成绩侧重考查学生的课堂参与度、团队合作精神、思考问题的深度等；卷面成绩以考核学生的语言知识和语言技能为主。通过这样的考核方式，促进学生批判性思维能力的培养，让学生不仅能够领会教师在课堂上融入的德育内容，更能以更加辩证的态度面对各种生活问题和社会现象。

# 三、教学方法及手段

## (一) 任务型教学法

教师在教学设计中设置了课前资料收集、填空、连线、课堂讨论等多种教学任务。如在“Tony Trivisinno’s American Dream”课文结构分析环节设置的根据图片复述任务、讲解生词 assume 时设置的翻译任务、讲解课文长句时设置填写表格等任务都运用了这一教学法。学生在完成任务的过程中，不仅完成了对课文内容的理解，也在潜移默化中受到了德育的熏陶。这样就避免了枯燥无味的填鸭式教学和道德说教。

## (二) 案例分析法

在教学中,教师会选择贴近课文主题的案例供学生学习和讨论,如在“Tony Trivisinno’s American Dream”中选择了奥普拉、施瓦辛格、奥巴马等人的案例；在“Overcoming Obstacles”中选取了张海迪、霍金等中外名人的案例。通过这些学生耳熟能详的案例，抽象的概念变得感性和具体,学生可以独立思考案例传达的观点或精神,易于接受教师意图通过案例传达的德育内涵。

## (三) 交际教学法

教师还在课堂上运用交际教学法，设计了大量的问答、课堂讨论、辩论等口头表达的任务。一方面，交际教学法最符合语言学习的特点，能够让学生将学到的词汇和语法知识学以致用；另一方面，学生通过彼此的交流和思想碰撞，能够更加全面和深刻地领会教师讲授的专业知识及其包含的德育内涵。比如在“Tony Trivisinno’s American Dream”的课堂讨论部分，不断有学生发表自己对于中国梦的理解和认知，最后通过教师的提炼总结，学生对“中国梦”内涵的理解越来越丰富全面；在“A life Full of Riches”中，让学生围绕主人公是否真正富有展开辩论，学生可以从不同角度理解物质财富与幸福感之间的关系。

### (四) 翻译教学法

翻译是语言教学中传统的教学方法，通过中英文互译可以让学生熟练掌握两种语言。在本课程的词汇教学中，教师从《习近平治国理政》(英文版)和《中国日报》的“英语点津”栏目中选取了大量真实例句，让学生既能掌握一些新词热词的表达，又能借此受到思想教育。如讲到 aspiration 这个词的时候，教师会让学生翻译“不忘初心，牢记使命”(Remain true to our original aspiration and keep our mission firmly in mind.)这句话，既让学生掌握 aspiration 一词的意思，又让学生掌握“不忘初心，牢记使命”这一口号的英文表达。

## 四、教学效果

德融课堂的教学效果很多时候难以用具体的量化指标来衡量，

但是学生精神面貌的改变和师生之间的良好互动可以让教师感受到学生的积极转变。这些转变主要体现在：

要想在专业教学中融入德育内容，教师必然要联系当今的社会现实或学生的实际状况，这相对于照本宣科、停留于单纯的书本内容讲解，课堂气氛会更加活跃，学生的学习积极性也有所提高，促进了学生的专业学习。

教师对学生的德育教育虽然不会取得立竿见影的效果，但是长期潜移默化地渗透能在一定程度上帮助学生端正学习态度，也有助于学生形成正确的人生观、世界观和价值观。

在大学英语课堂上，教师有意识地向学生介绍西方文化和思想潮流，培养了学生的跨文化交际意识，提升了学生的人文素养。

通过课堂上大量的案例分析，尤其是对中西方文化的比较，学生提高了分析问题和解决问题的能力，并且能够更加全面和辩证地看待问题。

教师课下也跟学生了解过，是否愿意老师在课堂上讲授这些涉及时政知识的内容，或者探讨与课文相关的现实问题。很多学生表示喜欢这样的内容，他们感觉这样让自己看问题的角度更加丰富了，而且感觉学习英语不再是枯燥地背单词、学语法，而是真的可以用来表达现实生活中的问题，他们更喜欢学英语了。

# 国际经济法

## 一、课程基本情况

“国际经济法”在2018年教育部新发布的《法学本科专业教学质量国家标准》中属于“10+X”中的“X”课程之一，大部分高校仍将其设置为本科阶段的必修课程，我校也是如此。现阶段我们将该课程安排在第五学期，40学时，共2.5学分，全部为课堂理论教学。

本课程主要介绍调整国际经济关系的法律规范，包括国际贸易、国际投资、国际税收、国际经济争端解决的法律法规，以及我国的对外贸易政策和世界贸易组织的基本情况等。

通过教学，帮助学生构建国际经济法的知识体系架构，掌握基本原理，熟悉国际经济领域主要的法律法规；同时培育学生公平、诚信、有约必守的道德素质和职业素养，并引导学生了解国际经济形势及发展趋势，以培养符合时代需求的既有扎实的专业基础，又具有坚定的理想信念的德法兼修的现代法治人才。

## 二、德融教学设计及内容

### （一）德融教育的总体设计——“三强、两化、两统一”

#### 1. 课程德融教育的根本目标：“三强”

“三强”是“强理想、强信念、强素养”。国际经济法与国际经济关系密不可分。改革开放以来，我国的经济和社会发展取得了举世瞩目的成就，国际贸易日益频繁，对外投资快速增长。但是国际形势风云变幻，国家之间的经济交往不仅只是贸易往来，更是国家综合实力的博弈。因此，本课程不仅要教给学生国际贸易的具体规则，还要培养学生的国际化视野，更要培养学生坚定的爱国主义信念，树立为祖国的繁荣富强而努力的理想，并具有为之不断奋斗、拼搏的精神。

#### 2. 课程德融教育的基本要求：“两化”

“两化”是指德融教育最终要内化为学生的高尚的爱国情操和坚定的法治理念，外化为严谨、诚信、勇于拼搏的职业素养。法律和道德有统一性，对法律规定的讲解本身也是德育教育的一个部分；但是法律和道德也是有区别的，懂法只是法学教育的第一目标，合格的法律人才还必须具备公平、正义的法治理念，以及敬业、自律、奋斗的专业精神；尤其面对复杂的国际环境，学生必须要有坚定的理想、信念，才能客观地分析国际经济形势、正确地采取应对措施，并且在国际交往中不会迷失自我，也才能适应将来国际经济交往的需要。因此，课程的专业教学不仅要教理论，还要培养学生的道德情操，增强道德素养；同时要激发学生对祖国的热爱和对法律的尊重，并引导学生将这种热爱和尊重投入法律学习和法律职业中，成为社会主义建设事业需要的法治人才。

#### 3. 课程德融教育的具体实现路径："两统一"

"两统一"是教师的自我道德约束与学生的德育教育相统一，学生的道德修养和职业素养相统一。要实现本课程的德融目标和要求，在教学中教师首先要严格自身道德要求，做到以身作则；教学过程中则要"德育""智育"同时抓，将道德理念教育渗透于职业教育，将理想、信念深植于学生的内心，最终强化学生的道德素养和职业素养，实现"立德树人，德法兼修"。

### (二) 德融教学的思路规划

国际经济法的德融教学贯穿于课程始终，在教学内容、教学过程、教学管理等方面都有所体现，强调将德"融"于教学，通过"润物细无声"的方式潜移默化地影响学生，达到德育的效果。但是德育的核心重点集中在两个方面：

第一，与法学专业的其他课程相比，国际经济法具有专业性强、内容庞杂的特点。结合这些课程的特点，在教学中通过采用各种教学方法和手段把知识点讲精、讲透，并以此引导学生树立不畏艰难、勇于接受挑战的信念；另一方面，也通过大量的真实案例，强调“有约必守”的合同原则，培养学生严谨、守信的职业素养。

第二，本课程的专业理论与时事结合较紧密，因此在教学中除了讲解专业知识外，还要介绍我国的经济形势、发展趋势、对外贸易政策，并结合近几年我国的国际经济热点事件、案例，引导学生探究其前因后果，增加对中国经济发展现状的了解，增强民族自信心和自豪感，坚定爱国主义信念，树立历史使命感和责任感。

## （三）德融教学内容的具体安排

本课程的德融教学重点主要集中在以下教学内容中，如表 13-1 所示。

表 13-1　德融教学内容的具体安排

| 内容标题 | 专业教学内容 | 德融教学内容 | 德融教学要点 |
| --- | --- | --- | --- |
| 国际经济法基础理论 | 国际经济法的主体、国际经济法的基本原则 | 通过简要介绍中国的国际贸易基本情况，以及国家经济主权原则、公平互利原则、国际合作以谋发展原则等，强调随着中国经济的高速发展，中国的实力增强，国际经济地位也明显提高 | 民族自信心教育 |

(续表)

| 内容标题 | 专业教学内容 | 德融教学内容 | 德融教学要点 |
| --- | --- | --- | --- |
| 国际贸易术语 | 《国际贸易术语解释通则》规定的国际贸易术语的内容 | 国际贸易术语是学习的一大难点，通过教学帮助学生厘清不同贸易术语的区别，熟悉和掌握贸易术语的内容，并在此基础上培养学生不怕困难的精神 | 职业素养教育：<br>①培养严谨、诚信、公平的职业理念<br>②培养不畏困难、勇于接受挑战的职业精神 |
| 国际货物买卖法 | 《联合国国际货物销售合同公约》的相关规定 | 在国际贸易中对合同的履行要求非常严格，通过对合同条款的制定、货物包装要求及合同责任等内容的介绍，强调法律的严谨性，引导学生培养认真、仔细、全面考虑问题的职业习惯 | |
| 国际货物运输和保险法 | 国际海上货物运输法、国际海上货物运输保险法 | 通过海上货物运输中承运人的责任、海上货物运输保险中保险人的责任，强调法律人应具有的诚信、有约必守等职业理念 | |
| 国际贸易支付 | 信用证的原则 | 通过介绍信用证的严格相符原则，再次强调法律的严谨性 | |
| 世界贸易组织 | 中国的入世之路和入世后的变化 | 通过介绍中国经济建设的巨大成就、中国入世之路，以及“一带一路”倡议，培养学生的国际视野，培养他们以发展的眼光看问题的思维习惯 | 理想、信念及道德素养教育：<br>①增强爱国主义信念<br>②培养历史责任感和使命感<br>③树立为祖国的发展而努力奋斗的理念 |
| 对外贸易管制 | 我国的对外贸易管制措施及现实案例 | 在学习对外贸易管制理论的基础上，引入近几年的中外尤其是中美贸易摩擦的案例，引导学生正确看待中国的对外贸易政策，同时将个人发展与国家发展相结合，激励学生为不断增强国家实力而奋力拼搏 | |

(续表)

| 内容标题 | 专业教学内容 | 德融教学内容 | 德融教学要点 |
| --- | --- | --- | --- |
| 国际经济争端解决 | 国际贸易争端解决方法 | 通过介绍中国解决贸易争端的立场与具体做法，强调在个人层面要合理、合法地解决问题，在国家层面则要不断增强国家实力，强化学生的社会责任感 | |

## 三、教学方法与手段

### (一) 行为示范法

“身教”更重于“言传”，所以德融教学首先是教师对自身的严格要求，教师以身示范，学生才能感受到德的力量，在不自觉的效仿过程中将德转化为自身的内在品质。

#### 1. 培养法律职业态度

“做事先做人”，树立正确的职业道德理念对于法学专业学生尤为重要。学生的职业道德观首先来自于教师，因此从备课到教学，以及教学管理的各个环节，我们都认真对待、充分考虑、精心准备，几乎事事以完美的标准来要求自己，让学生感受到严谨、负责的职业态度，从而认识到这也是法律人应该具备的一种基本素质，并学会为自己的行为负责。

## 2. 培养不怕困难的精神

针对课程教学中的难点，我们会尽可能地采用多种方法，帮助学生在有限的时间内掌握好课程的内容。

例如，在讲解“国际贸易术语”这一难点时，我们采用了图表法、对比法、归纳法、重点记忆法、多点辅助记忆法、互相联系记忆法、总结法、讲练结合法等，综合采用各种方法帮助学生理解记忆。首先，将《国际贸易术语解释通则》2010 版本与 2000 版本进行对比，然后选择学生更易理解的 2000 版本的分组方法，以组为单位展开教学；其次，总结每组术语的共性，并进行相互对比区分；再次，从每一组术语中选择最具有代表性的一个进行全面、详细地阐述，再将该组中的其他贸易术语与之进行对比，强调区别；再次，通过各种小练习，包括脑筋急转弯、小案例等，帮助学生加深理解，巩固所学的知识。最后，回归 2010 版本，结合“船”与“非船”的区别，强化知识点的记忆。

此外，我们还自创了“数轴标注法”(见图13-1)，将理科的方法用在法律的教学中，用数轴的形式标注国际货物买卖双方的权利义务，直观、简洁地标示出双方的责任。

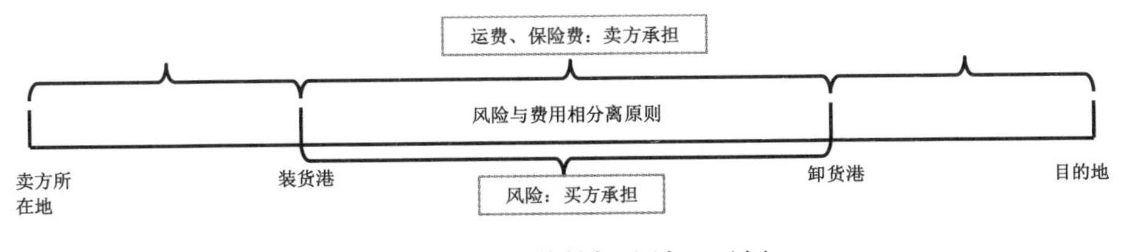


图 13-1　“数轴标注法”示例

在理论讲解的基础上我们会告诉学生，看上去很难的贸易术语其实可以找到很多方法来理解、学习，在课堂上只要眼到、心到、手到，课后再加强总结、练习，就可以很轻松地掌握。所以困难并不可怕，重要的是要相信“世上无难事，只要肯登攀”，只要勇敢面对，并且持之以恒，困难终究会被克服。作为学生，更应该具有敢想、敢拼的精神，个人的发展要靠个人的努力奋斗，国家的发展更要依赖我们每一个人的奋力拼搏。

### （二）举例阐释法

案例教学是法学的一种常用的教学方法，而本课程的案例利用方法是多样化的。例如《联合国国际货物销售合同公约》中关于合同的规定与我国的《合同法》存在很多一致性，学生对内容比较熟悉，但是学生对知识的理解往往只停留在条文的字面意思上，尤其对于严谨、“合同必守”等没有直观的感受，不能理解其真正的含义。在此部分我们会以小故事的形式，讲一些我国在国际贸易中因合同订立和履行不严谨而遭受巨额损失的案例，这些生动的例子对学生的触动很大。再以此为契机，强调法学的学习不仅要懂得法律条文，更要有严谨、细致、负责的专业素养。此外，教师还将此拓展到人生态度和人生准则上，引导学生思考“认真”与“宽容”的问题，最终得出“做事要严谨，做人要宽容”的结论。

### (三) 讨论启发法

国际经济法的案例通常距离学生的生活比较遥远，因此学生感觉很抽象，更无法与自身经历相结合，因此在教学时需要引入一些实例，指导学生思考、讨论。例如在讲解对外贸易管制措施时，可以借助中美贸易摩擦帮助学生理解倾销与反倾销、保障措施等内容；在讲解世界贸易组织时，可结合中国加入世界贸易组织后经济、社会、法律等各方面的变化，来阐释世贸组织的有关规定。

通常我们会先讲解相关的知识点，然后介绍热点事件，让学生收集资料，分析事件背后深层的原因，探讨形势走向等。通过这种方式，引导学生关心国家发展，了解中国的经济建设成就，增强对中国发展的信心；同时关注国际形势和发展趋势，做具有世界性眼光的大学生。在此基础上，我们还引导学生进一步思考：什么是爱国？如何正确地用法律的手段维护国家利益？自己将来能为国家建设做出什么贡献？以此将课程教学内容与学生的自我发展、国家的发展相结合。

## 四、教学效果

经过一个学期的德融于教，国际经济法课程的“智育”和“德育”教学目标基本得到了实现。

对于本课程，学生普遍的感觉是知识点的理解很清晰，掌握很牢固，因此能够轻松应对各类相关考试；而课程中所传递给学生的学习方法、职业理念和人生态度等，对他们的发展也起到重要的作用，有一名学生就利用国际经济法的思维方式和方法，顺利考取了美国一所知名大学攻读法学硕士。

通过课程学习，学生看待世界的眼光悄悄地发生了变化，对一些国际热点、社会事件的看法更客观也更积极，对未来的人生也开始进行更长远的规划。学生学习、做事情也越来越认真，自我要求也明显提高。

学生平时也很喜欢和老师交流。曾经有一名学生表示，老师的言行会影响他们的一生，让他们受益终生；还有学生认为，老师认真的态度和对工作的责任感是他们学习的榜样，也教会他们如何去面对自己的专业和工作，如何做一个合格的法律从业者。每当听到学生这样说的时候，我们都会倍感欣慰。

# 概 念 设 计

## 一、课程基本情况

“概念设计”是环境设计专业的一门专业核心课程，3 学分，64 学时(其中理论讲授 32 学时，课程实验 32 学时)。

本课程主要学习组成空间的要素及相互关系，在此基础上通过对空间设计理念与设计主题的处理，掌握具体的表达方式与表现手法，通过设计的语言传达出设计者想要表达的设计内涵与空间精神，为后续深入学习相关专业设计课程奠定基础。

在德融教学方面，教师在授课过程中结合“德育”教育的精神内涵，借助课程内容引导学生从思想、精神、品格等方面深刻感悟“真善美”的精髓，培养学生求知求真的探索精神。

## 二、德融教学设计及内容

### （一）德融教学的设计

本课程在理论讲述与设计选题内容时以当代我国的发展现状为大前提，并将中国传统文化的精髓、中华美德，以及红色教育凝练在课程内容之中，结合各章节的知识点，以不同形式将思政元素融入教学，德融教学设计如表 14-1 所示。

表 14-1　德融教学设计

| 章节 | 知识点 | 思政元素 | 实现形式 |
| --- | --- | --- | --- |
| 第二章 | 主体概念构思形式与表达 | 中国传统儒家思想“道德”“仁爱” | 为学生讲述中国传统伦理道德的意义，树立学生对民族文化的自信 |
| 第三章 | 概念构思的运用方法 | 树立坚韧不拔的科学精神 | 使学生深刻认识“教”与“学”的辩证关系，树立学生自我约束、努力奋发的求学精神 |
| 第四章 | 空间抽象关系 | 良好的品德和独立的人格 | 帮助学生树立良好的品德和独立的人格 |
| 第六章 | 内容步骤与表达方式 | 核心价值观 | 引导学生确立正确的人生观、价值观、世界观，树立远大的理想与社会责任感 |

### （二）德融教学的内容

#### 1. 培养高尚的道德情操

习近平总书记在全国高校思想政治工作会议上强调，高校思想政治工作关系高校培养什么样的人、如何培养人以及为谁培养人这个根本问题。要坚持把立德树人作为中心环节，把思想政治工作贯穿教育教学全过程，实现全程育人、全方位育人，努力开创我国高等教育事业发展新局面。

对于大学生而言，应培养爱国、爱校的道德情操与高尚的品行修养。这要求教师不仅从学生的思想教育入手，还要在日常学习与生活中引导学生，使学生遵守基本的行为规范，体现出当代大学生应有的精神风貌。

概念设计课程是环境设计专业培养计划中的重要专业课程，也是学生职业生涯训练的重要环节，因此在课程中加入道德情操的教育，能够在学生今后的职业生涯中产生积极的作用。

### 2. 体现严谨的治学精神

作为本专业课程的任课教师，除了需要掌握专业知识和具备良好的学识修养外，还需要严格要求自己，起到为人师表及模范带头作用，同时具备“传道、授业、解惑”的综合能力，面对学生遇到的问题，能够从不同方面对学生进行有效的引导与帮助。因此，教师必须树立自身的师德规范与严谨治学的职业态度，通过言传身教，不断对学生进行正能量的引导，号召同学们，将时间和精力投入到学业中。

### 3. 进行良好的意识引导

在本课程的设计中，特意通过课程内容的选择对学生进行有意识的正向引导。例如，围绕当今世界发展趋势与行业发展热点；国家相关政策、方针与未来发展方向；当今社会亟待解决的问题；特需人群的实际需求；红色文化教育五个方面的主题，进行设计并展开选题论证。学生通过选题的调研、讨论、交流、论证等方式，将各自准备的选题材料进行深入分析、研究与设计实践，通过专业课题设计，使学生认识到所学专业的意义，以及日后如何通过自己的专业知识为国家做贡献，取得了良好的德融教学效果。

4. 培养学生的社会责任感

《中庸》中曾说："唯天下至诚为能尽其性。能尽其性，则能尽人之性。能尽人之性，则能尽物之性。能尽物之性，则可以赞天地之化育。可以赞天地之化育，则可以与天地参矣。"这反映了中国传统哲学中"天人合一"的思想，强调人与人、人与社会、人与自然之间和谐统一的关系，这是中国传统文化对人类做出的宝贵贡献。保护地球的自然资源、倡导绿色设计是当下全世界环境设计师的共识。因此，我们从起点要求学生要重视设计伦理。联系实际，引导学生注意生活细节，从衣食住行开始，规范自己的行为意识。让学生从身边小事做起，如搞好班里的卫生、注意言行及仪表等，使周围环境变得越发美好。

# 三、教学方法及手段

概念设计是一门理论与实践应用相结合的课程，要求教师在课程理论传授的同时，开展设计实践能力的训练。因此，我们在课程理论讲述与设计选题内容时，将德育内容分为四大部分，分别为道德情操、治学精神、意识引导、社会责任，然后融入专业课程各章节。具体的教学方法及手段如下：

## （一）理论讲授法

在讲述专业理论知识的过程中，融入中国传统文化教育，引导学生明确伦理道德的核心——“仁爱”，并直接对接社会主义价值观所倡导的“爱国、敬业、诚信、友善”；让学生明确孟子认为的境界分“大体”和“小体”，“小体”以饮食声色而养，近于禽兽，而人之所以能成为圣人就是养其“大体”，告诉学生应超越一般人的日常生活，追求高大而光明的境界，才能活得有意义；借助北宋大儒张载所说的“为天地立心，为生民立命，为往圣继绝学，为万世开太平”，让学生认识到自身的价值与历史使命、社会责任。

授课教师多次教育及引导学生，应树立远大的理想和抱负，不要贪图眼前的安逸与享乐，确立远大的理想并为之奋斗终身。

## （二）项目式教学法

通过在课程中加入设计项目，使学生更了解设计发展趋势。例如，围绕国际发展趋势开展了“生态与可持续发展”选题论证；围绕国家相关政策开展了“美丽乡村建设”选题论证；围绕特需人群的特定需求开展了“老年养老”及“受灾人群需求”选题论证；围绕红色教育开展了“红色旅游度假村”方向的选题论证。通过对相关问题的调研与深入分析，引导学生逐渐回归到设计最本质的问题上来，即以设计的方式解决实际问题，从而实现设计的价值。

通过学生对生态与可持续发展选题的研究，引导学生建立良好的生态与可持续发展观念，并以设计实践的方式迎合国际发展形势；通过对国家相关政策的深入了解，引导学生认真学习领会十八大、十九大会议精神，使学生更密切地关注国家的发展现状，关注国家大政方针，真正意识到自身与国家命运息息相关，建立起主人翁意识；通过对社会特需人群的关注，引导学生深入了解他们的生活及面临的困难，通过设计的方式为他们提供有价值的解决方案，增加学生的社会责任意识；通过红色旅游文化的主题性选题，引导学生深入了解我党曾经走过的艰苦卓绝的革命历程，激发他们的爱国、爱党情怀，有助于他们树立正确的世界观、人生观、价值观。

### （三）考察调研法

通过课程的实地考察分析，带领学生认识我国上下5000年的文明中蕴含的艺术设计元素，并能从中采撷，为己所用。通过调研与分析美籍华人建筑大师贝聿铭先生将我国明清苏州园林与现代展馆的功能理念相结合设计的苏州博物馆案例，学习相关的设计手法；

通过对威海刘公岛规划案例的分析，不仅从环境的角度，还从历史与文化的角度引导学生不忘国耻，奋发进取，努力为国家的发展尽自己一份绵薄之力，以此来增加学生的爱国情怀。同时，在课程学习中，有意识地引导学生热爱和学习我国传统文化中的美学思想，摆脱设计创意上的盲目西化，对学生从事环境设计工作有着至关重要的作用。

## (四) 翻转课堂

在教学过程中组织学生进行模拟和实训活动，采用讨论式、情景式、探究式、案例式等新的教学方法，在引导学生培养优秀的道德行为规范的同时，全面提高学生分析问题、解决问题的能力，以及适应社会环境的综合能力与素质。此外，通过课堂上积极与教师互动，以及问题式与模拟现场式的教学模式，进一步培养学生不断改革和开拓的创新精神，使学生能够借助课程的学习与实践掌握必要的理论知识与实践技能，为学生从校园学习到社会应用做好充分的准备,充分展示出本课程从理论学习到实践应用的桥梁纽带作用。最终培养学生的科学思维能力、应用创新能力、社会实践能力，为社会培养符合时代发展、满足社会需求的创新应用型人才。

## (五) 树立道德规范

通过授课过程中对学生进行中国优秀传统文化的熏陶，使其思想及行为受到潜移默化的影响，让大学生更好地学习与成长。新时期，拥护社会主义制度是爱党、爱国的表现，在中国优秀传统文化中有很多关于爱国的典故，教师可以通过讲述这些历史故事，使学生在耳濡目染中培养爱国主义情怀。为我国社会主义事业的建设培养一批有理想、有思想的接班人。

## 四、教学效果

通过德融教学活动，教学效果十分显著，主要体现在：

在专业课堂教学实践中融入中国优秀传统文化，通过理论结合实践，提升学生的传统文化素养，积极构建良好校园文化，不断促进优秀传统文化教育与课堂教学的有效融合，确保大学生能形成社会主义核心价值观，满足时代的发展需求。

随着“德融好教案”“德融好课堂”工作的深入开展，借助概念设计这门课程的切身实践，我们将德育教育深入课程教学环节之中，潜移默化地完成对学生人生观、世界观、价值观的正确引导，让他们提高认识，完成自身人生境界与道德情操的升华。这种教育的作用不仅仅体现在一门课程中学生精神面貌的改善，也对校园文化的建设起到积极的推动作用。

# 中级财务会计

## 一、课程基本情况

“中级财务会计”是会计学、财务管理专业的一门专业必修课，在大二开设，分为上、下两学期讲授，共5学分，80学时。

本课程是在学生已具备一定的会计基本理论、方法，以及掌握相关财经法规的基础上，结合会计准则，进一步系统、深入地讲授会计要素的确认、计量、记录和财务报告的理论与实务，是对企业财务会计理论和方法的进一步深化，也是从基础会计迈向会计专业课程的“桥梁”，为后续专业课的学习和今后所从事的财务会计工作打下基础。

通过本课程的学习，使学生们达到运用财务会计的基本理论和方法处理企业发生的交易和事项，培养学生正确分析和解决企业财务问题的能力。同时，通过德融教学的开展，在学生素质的培养上，结合专业知识的讲授，围绕会计从业者的职业要求培养学生树立诚实守信、恪守规范、不做假账的职业道德和职业素养，培养他们的社会责任意识，为今后从事财务工作奠定专业和素质的双重基础。

## 二、德融教学设计及内容

### （一）德融教学设计

在德融教学设计上，围绕本课程的人才培养目标，依托教学大纲，秉承德融教学理念，结合知识点挖掘思政元素，设计教学内容和教学方法，将思政元素融入课程讲解中，采取“微视角”“三结合”的总体设计思路。

#### 1. “微视角”设计思路

“微视角”是指德融教学中设计问题的细微化，注重问题的普遍性、常识性。摒弃生硬的说教，通过小案例、小故事、生活中的现象分析问题，以幽默、风趣、生活化的语言展开，使学生在轻松的氛围中体会德育蕴含的精髓。

#### 2. “三结合”设计思路

“三结合”主要强调“德融教学”要结合知识点、结合职业特征、结合生活中的案例，有针对性地设计教学内容，采取灵活的教学手段，及时进行教学反馈。本课程专业性强、规范化的知识点较多，在教学任务很重的前提下，可针对课程内容以问题或案例方式进行导入，采取启发式、互动式、讲授式的教学方法，辅以案例相互配合，还可借用多媒体、音视频、网络工具等教学手段。

## （二）德融教学设计内容

中级财务会计课程体系主要包括财务会计理论、会计实务、会计报表三大模块。针对本课程知识点多、规范性强的特点，德融教学的设计采用了“结合知识点，找准切入点”的策略，表 15-1 中节选了部分德融教学的设计内容。

表 15-1　德融教学设计内容节选

| 知识点 | 切入点 | 思政元素 |
|---|---|---|
| 财务会计基本准则框架 | 学费、生活费的来源和列支 | 理解会计准则的规范性；懂得如何感恩、行孝和社会责任问题 |
| 库存现金的管理 | 老板授意做假账，会计何去何从 | 明确做假账的法律风险；正确处理职业道德与领导意图之间的矛盾 |
| 会计法规体系 | 三次逃票的代价 | 明确诚信是会计从业人员的基本职业道德和基础工作规范 |
| 无形资产的种类 | 你的无形资产有哪些 | 引导学生明确个人价值的综合体现 |
| 无形资产的自行研发 | 华为被美国商务部列为贸易管制“实体名单”的应对 | 自信和忧患意识并存，脚踏实地坚持科技创新、技术领先的企业精神 |

（续表）

| 知识点 | 切入点 | 思政元素 |
| --- | --- | --- |
| 成本和费用 | 算算每节课的成本 | 让学生直观感受逃课的经济损失；用会计思维对学业进行规划 |
| 应交税费的核算 | 某明星偷税案例 | 明确税收违法的行为，讲解税收法规条例，培养依法纳税的公民意识 |
| 财务报告编制 | 人生就是一本账，如何编制你的“财务报告” | 只有认真、踏实地写好每一笔会计分录，才能最终收获美好人生；引导学生踏实做人、认真做事，对自己负责、对社会负责 |

## 三、“德融教学”方法及手段

在课堂教学过程中，主要采取启发式、互动式、讲授式的教学方法，辅以案例相互配合，按照图 15-1 的步骤将思政元素导入课堂，展开“德融教学”。

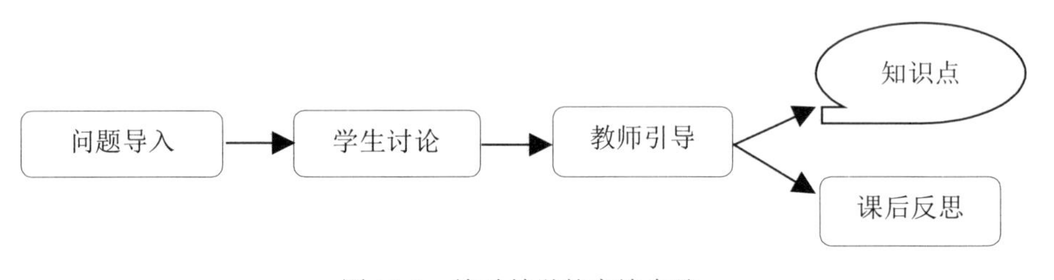


图 15-1　德融教学的实施步骤

首先通过问题或生活中的案例导入，根据学生的讨论情况，由教师引导，在讲解专业知识时巧妙融入思政元素，根据师生的互动情况，撷取生活中随处可见的现象或小故事进一步提出问题，比如

"你最想对父母说的一句话？""君子爱财怎么才算取之有道？""哪个品质能提升你的核心竞争力？""如何衡量诚信的价值？""什么是会计的职业素养？""如何建立个人信用？"等，引出有关"职业道德""诚信社会""个人价值""社会责任"等问题的讨论，因为问题和案例贴近学生生活，容易引起共鸣，学生们会更踊跃地发言，教师借此引导学生运用专业知识进行分析。课下学生研读材料进行课后反思，组织小组讨论，充分利用微信、QQ等网络工具进行沟通和反馈。此外，还可通过教师自身品行和职业发展历程去影响学生，带动学生做一个正直、上进、心怀美好、乐于助人的善良之人。

### （一）启发式教学示例

**关于如何行孝和社会责任问题：学费、生活费的来源和列支。**

在讲授第一章会计要素的确认和计量时，随机选择不同学生回答以下问题："你现在的生活费用由父母承担的比例是多少？父母寄来的生活费你该记入哪个会计账户？""如果这笔账由父母来记，你觉得他们会如何记录？"对学生们的不同回答进行讨论并达成共识：每一个会计主体不同，记入的会计账户不同，反映的经济内容和实质也不同。使学生体会会计准则的规范性要求。在讲授专业知识的基础上，提出怎样做才是对父母更好的回报，引导学生要懂得感恩，知行合一，逐步树立社会责任感。通过费用问题的提出，在知识点的讲解中融入有关会计准则规范、传统美德、社会责任等德育问题。

**关于个人价值问题：你的无形资产有哪些？**

在讲授无形资产的构成时，提出问题："你的无形资产有哪些？""哪些品质能帮你赢得别人的认可？"通过总结学生们的答案，发现个人能力、品质性格、诚实守信、个人形象、人际关系、团队协作等是构成一个人无形资产价值的重要因素，使学生在明确了现阶段加强自身修养和提升个人价值的路径。

## (二) 互动式教学示例

**关于诚信问题：三次逃票的代价。**

在讲解会计法规体系时，和学生分享一个小案例：一名在欧洲某国名校留学的女留学生，成绩优异，但终因有三次地铁逃票记录上了信用黑名单，导致毕业后被所有应聘公司拒绝，断送了大好的职业生涯。通过这个案例，分析企业对诚信和能力的排序；引导学生尊重规则和明白个人诚信的重要性；结合会计法规体系的构成，明确会计诚信和客观公正是会计从业人员的基本工作规范和职业道德要求，诚信为本是伴随一个人一生的财富。

**关于会计造假问题：老板要求做假账，会计何去何从？**

在讲授第二章库存现金内部控制时，引入几个话题："老板要求做假账，服从还是拒绝？""被要求做假账，财务人员是否有责任？"通过互动讨论，学生明确了做假账企业的机构负责人和会计人员应承担的法律责任，引导学生正确处理职业道德与领导意图之间的矛盾，并进行有效沟通；讲解出纳的岗位职责和内部控制建立的关键节点，明确什么是会计职业道德的底线和不能触碰的高压线，培养学生树立正确的金钱观，理解“君子爱财，取之有道”的道理。

## (三) 讲授式教学示例

**关于成本、费用的问题：算一算自己每节课的成本。**

在讲授成本费用章节时，教师带着学生们算了一笔经济账：大学四年，估算每节课的成本是多少？奖学金、打工收入或其他收益可抵扣相应成本。学生列举的成本项目包括学费、生活费、交际费等直接成本，补考、重修等增加的沉没成本，考研、考公、资格考试、培训班等机会成本，综合测算，本校每节课的成本大概在60～90元，具体如图15-2所示。

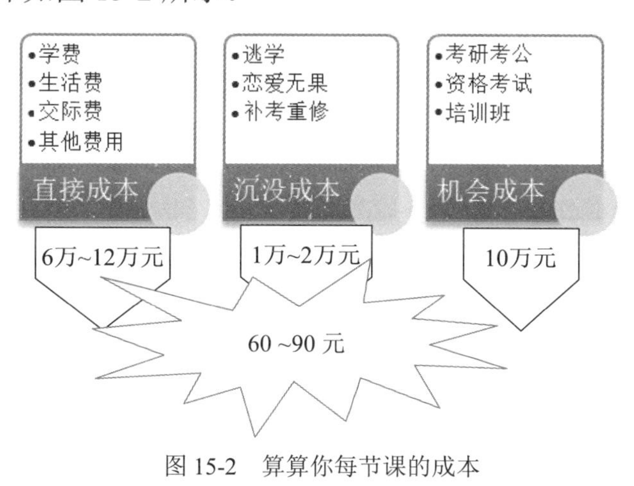


图15-2　算算你每节课的成本

教师讲解了在所有耗费中，可作为成本项目的开支，即哪些支出只能作为费用；什么样的支出属于资本性支出，能增加未来收益，可作为资产；什么样的耗费就是损失，即哪些支出构成了沉没成本；以及如何理解机会成本，对学业如何进行规划。引导学生通过计算单课成本，直观感受逃课的经济损失；同时分析自己单课成本高的原因，如何有效利用课堂资源提升学习效率，降低边际成本，增加学习收益，让每一分钱花得有价值。每当这时，学生总会感慨："不算不知道，一算吓一跳，逃课心会痛。"

## 四、教学效果

本课程被评为 2016 年度齐鲁工业大学首届德融教学好教案、好课堂、好老师；主讲教师相继被评为 2019 年度齐鲁工业大学"最美教师"、2017 年度"教学质量优秀奖"、2013 年度教学方法改革标兵。

# 课程思政

## 我们这样设计

（理工类）

王英龙　曹茂永 | 主　编
刘　玉　李红霞 | 副主编

清华大学出版社
北　京

## 内容简介

为贯彻落实立德树人的教育理念，践行习近平总书记“把思想政治工作贯穿教育教学全过程”的教育方略，齐鲁工业大学通过实施德融课堂，引导广大教师将思政教育有机融入专业课程中。在实施德融课堂的过程中，涌现出大批课程思政教学案例，本书从中选出部分课程集结成册，涵盖工、理、文、经管、法、医、艺等学科门类，涉及机械类、电子信息类、材料类、化学类、环境类、金融学类、工商管理类、设计类等30个专业(类)，所有课程均以学科专业为依托，用科学的方式、充实的德育内容，展示独特的“课程思政”教学设计，将育人理念内化到课程内容、教学方法和考核评价中，不一样的探索和前行均彰显了教师践行教育者的初心和使命。

本书可作为大学教师将思想政治教育融入课堂的参考书。



图书在版编目(CIP)数据

课程思政：我们这样设计 /王英龙，曹茂永 主编. 一北京：清华大学出版社，2020.5(2020.12重印

ISBN 978-7-302-55281-9

Ⅰ. ①课… Ⅱ. ①王… ②曹… Ⅲ. ①德育－教学研究－高等学校 Ⅳ. ①G641

中国版本图书馆CIP数据核字(2020)第055246号

责任编辑：崔 伟 高晓晴
封面设计：王 伦 张 啸
版式设计：孔祥峰
责任校对：成凤进
责任印制：从怀宇

出版发行：清华大学出版社
网 址：http://www.tup.com.cn，http://www.wqbook.com
地 址：北京清华大学学研大厦A座 邮 编：100084
社 总 机：010-62770175 邮 购：010-62786544
投稿与读者服务：010-62776969，c-service@tup.tsinghua.edu.cn
质 量 反 馈：010-62772015，zhiliang@tup.tsinghua.edu.cn
印 装 者：小森印刷霸州有限公司
经 销：全国新华书店
开 本：170mm×240mm 印 张：21.25 字 数：217千字
版 次：2020年7月第1版 印 次：2020年12月第4次印刷
定 价：69.00元(全2册)

产品编号：086957-01

# 前　　言

中国特色社会主义进入了新时代，当代青年承载着实现中华民族伟大复兴的重任。根据学生成长发展的规律，青年学生的三观尚未塑造成型，在如今开放的社会环境中，极易受到各种错误思潮的侵蚀。因此，高校有责任引导学生铸就坚定的理想信念、锤炼高尚的品德，将思想政治工作贯穿人才培养全过程。

党的十八大报告首次提出“把立德树人作为教育的根本任务”。从全国高校思想政治工作会议到全国教育大会，再到学校思想政治理论课教师座谈会，习近平总书记多次围绕立德树人做了相关论述，强调把立德树人的成效作为检验学校一切工作的根本标准，发挥专业教师课程育人的主体作用，使各类课程与思想政治理论课同向同行，形成协同效应。课程思政正是基于党中央对高校思想政治工作高度重视的前提下，推动合力育人的创新模式。

教育不仅是提高社会生产力的一种方法，也是造就全面发展的人的唯一方法。马克思、恩格斯关于人的全面发展的理论构成了课程思政的内在理论根基和根本价值目标。英国教育家赫伯特·斯宾塞指出，物质投入是基本前提，而文化和精神等理念性的因素是决定课程发展质量的灵魂。因此，加强课程内涵建设，理应在课程中注入精神文化与思想动能，而课程思政建设为课程文化发展提供了实践路径，求知的欲望应彻底从学生身上激发出来，教学内容的丰富程度也切实影响着有效教学的实现。

教育部《关于加快建设高水平本科教育全面提高人才培养能力的意见》中提到，在构建全员、全过程、全方位“三全育人”大格局过程中，着力推动高校全面加强课程思政建设，做好整体设计， 根据不同专业人才培养特点和专业能力素质要求，科学合理地设计思想政治教育内容。强化每一位教师的立德树人意识，在每一门课程中有机融入思想政治教育元素，推出一批育人效果显著的精品专业课程，打造一批课程思政示范课堂，选树一批课程思政优秀教师，形成专业课教学与思想政治理论课教学紧密结合、同向同行的育人格局。

为贯彻党的教育方针，将课程思政建设落到实处，山东省高等学校课程思政研究中心于 2019 年落户齐鲁工业大学(山东省科学院)，组织开展全省课程思政的研究与实践活动。我校认真担负起立德树人的主体责任，自 2015 年开始实施“德融课堂”工作，成立“德融课堂”工作小组，各单位部门加强对“德融课堂”工作的宣传与策划，把“德融课堂”与“教风、学风、院风”建设结合起来，作为一项战略性任务来抓。明确所有课程的育人责任，推动教师根据不同专业人才培养特点，融入丰富的德育元素，以鲜活的实践案例生动地呈现在课堂中，打造一批精品“德融好课堂”，选树一批“德融教学好教师”，以“润物细无声”的形式浸润学生。根据人才培养的需求，以“立德树人”为核心进行教学设计，结合课程基本情况确定教学目标，优化教学内容，选择合适的教学方法，重构评价体系，通过教学感悟提升教师自身品德修养。经过专家评审，最终精选出优秀的教学设计，按照理工类和人文社科类编订成两册，每册 15 篇。每一篇教学设计的字里行间都饱含着作者的心血，无不展现了作者投身课程思政建设的专注精神和热情。

参与本书编写的老师有：葛秀丽(生态学)、李秀芳(数字逻辑)、孙华(食品化学)、姜洪雷(环境保护与可持续发展)、张旋(水污染控制工程)、盛莉(电路原理)、王晓芳(高频电子线路)、肖中俊(过程控制)、戴肖南(物理化学)、徐舫舟(模拟电子技术基础)、宋明(工程力学Ⅰ)、王磊(数字图像处理)、周海峰(电化学基础)、刘新利(药事管理学)、王明禄(材料力学)、闫静(经济法)、苗旺(消费者行为学)、王秀丽(管理学原理)、杨旭(文学理论)、马永强(营销策划)、孟光伟(包装设计)、李俞霏(女士形象色彩设计)、李军(效果图技法 I)、朱晓红(企业文化与跨文化管理)、刘美芬(统计学)、宋丽(投资学)、张玮玮(大学英语 I)、吴雪莲(国际经济法)、隋震(概念设计)、张晖(中级财务会计)，排名不分先后。

本书能够顺利出版得力于山东省教育厅领导的大力支持，得力于各位教师的辛勤付出，以及清华大学出版社的大力支持，在此一并表示诚挚的谢意。

编 者

2020 年 2 月于齐鲁工业大学

# 目　　录

# 生 态 学

## 一、课程基本情况

“生态学”是环境科学专业的一门专业方向课，3 学分，64 学时，其中讲授 32 学时，实验 32 学时，在大二第二学期开设。

本课程主要从个体生态学、种群生态学、群落生态学、生态系统生态学等不同层次讲授生物与环境之间的关系，包括生态学研究历史、研究对象、基本概念、生态学理论和规律、研究方法、相关案例及研究热点问题等。生态学课程的实验内容包括生态瓶的设计和制作、校园常见植物调查、植物群落学野外调查技术、不同植物群落土壤性质分析四项实验。

生态学课程的教学目标包括：知识目标——培养学生掌握生态学的知识、理论和方法；技能目标——培养学生观察和研究的能力、运用生态学知识解决环境问题的能力；情感目标——培养学生的生态文明素养(知识、思想、方法)、环境责任感。从德育的角度来看，生态学课程的教学目标有助于学生认识和认同人类社会的客观规律，树立正确的人生观；技能目标是锻炼和提高学生的自制力、独立思考能力、求真务实精神；情感目标将引导学生提升社会责任感，培养平等博爱、诚信守诺的品质。

## 二、德融教学设计及内容

生态学是研究生物与环境之间关系的一门科学。在环境危机日益严重的今天，生态学被视为解决环境危机的根本出路，生态文明建设被列入中国特色社会主义五位一体的总体布局。因此，本课程把提高学生的生态文明素质和专业素养作为教学目标之一。在教学互动过程中，针对目前大学生存在的社会责任感、爱国意识、政治敏感度方面的缺失，以及缺乏目标、难以自律、不善团队合作等问题，课程教师需要有意识地结合教学内容进行德融教学，潜移默化地提高学生的思想品德水平。

根据生态学课程的特点、在多年教学经验和学情分析的基础上，本课程教学主要结合对教学内容、教学组织、教学方法和考核方式的改革，在教学过程中挖掘德育潜入点、融入德育教学。

在教学内容上，很多生态学理论和规律也适用于人类社会运行法则，讲解中可基于专业知识自然引出，引导学生进行深入思考，自然融入爱国、敬业、平等、博爱的理念和正确的人生观。

在教学组织实施过程中，在课堂教学、学生自主学习及课程学业评价三个层面全面融入德育教育元素，培养学生掌握知识、拓展知识、独立思考、解决问题的能力，从而潜移默化地提升他们对专业学习的信心、发现和培养兴趣，形成乐观自信、求真务实、积极进取的新时代大学生文化。

积极探索教学方法、考核方式改革，通过灵活开放的教学方法为学生提供不同的资源和载体，培养学生的自学能力和思辨能力；通过多角度、全过程的考核方式，培养学生公平守信、积极进取、勇于创新的人生态度。

生态学课程教学中部分德融教学设计案例如表 1-1 所示。

**表 1-1 生态学课程德融教学设计示例**

| 章节 | 知识点 | 思政元素 | 实现形式 |
| --- | --- | --- | --- |
| 课程简介 | 课程组织 | 遵守尊师重教的传统礼仪，认同学生的社会身份，以及背负的天然责任即学习；教师以自信、乐观、积极的态度，给予学生正面的示范 | 明确课堂上师生双方各自的权利和义务，公平公开的态度体现对学生选择权利的尊重，打破师生隔阂，建立关系密切、和谐的课堂生态 |
| 绪论 | 生命 | 引导学生利用网络资源和已有知识进行加工分析，培养学生独立思考、去伪存真的能力 | 小组课下讨论作业“外星生命是否存在”并形成报告，由小组长课堂汇报，教师课下批阅点评并在课堂提问交流 |

(续表)

| 章节 | 知识点 | 思政元素 | 实现形式 |
| --- | --- | --- | --- |
| 个体生态学 | 生物与环境的关系 | 生物能够改变环境，环境也能够改变生物。在生活中，既不要轻视环境的影响，也不能放弃人的主观能动性，鼓励学生树立坚定的信念和乐观积极的人生态度 | 教师授课时采用启发式教学，进行类比和引导 |
| 种群生态学 | 动物领域行为 | 与国防教育结合起来，使学生认识到，增强国防实力、保卫国家领土是自己种族延续的保障，弘扬爱国主义精神 | 结合国际动态和时事，由课程内容进行拓展学习和讨论 |
| 种内与种间关系 | 竞争和协同进化 | 树立正确的人生观，积极提高个人竞争力来适应环境，同时也不要悲观失望、努力改造环境 | 教师授课时采用启发式教学，进行类比，引导学生正确看待竞争，提高抗挫折能力 |
| 群落生态学 | 群落的定义 | 提升学生的环境文明素质，树立环境伦理道德观念，建立正确的环境观念；热爱国家、民族、家庭 | 教师讲授时，可把个体与种群、与群落的关系引申为个人与团体、与社会的关系，启发学生运用群落生态学知识解释社会现象 |
| 生态系统 | 生态系统稳定性 | 培养学生平等博爱的精神，提高社会责任感和环境责任感 | 教师授课时引导学生认识到自己与他人、与环境的紧密联系，正确看待人类与其他物种的关系 |
| 课程实验 | 群落野外调查技术 | 培养学生吃苦耐劳、团结合作、严谨认真又灵活应变的工作能力 | 分组进行野外群落调查工作，教师在各环节中提出要求，并制定指标考核学生的综合工作能力 |

# 三、教学方法及手段

## （一）在课程教学内容方面

生态学课程将传统教学内容分解成知识模块，按照知识模块设计自学题目和讨论题目，设计项目情境或案例，学生课下进行小组研讨，在课上提出分析报告或解决方案。培养学生掌握知识、拓展知识、独立思考、解决问题的能力，从而潜移默化地提升他们的信心，发现和培养兴趣，形成乐观自信、求真务实、积极进取的新时代大学生品格。生态学教学内容中，很多生态学理论和规律也适用于人类社会运行法则，讲解中教师可以利用案例自然地将爱国、敬业、平等、博爱的理念传达给学生。

## （二）在课程教学过程方面

生态学课程按照学生自主学习讨论、教师随机提问和重点讲解、课堂在线测试设计教学过程。在教学空间上，教室、网络全方位融合，根据教学需要随时切换；在教学手段上，综合利用传统教材、多媒体、手机社交软件、网络考试软件等多种工具进行立体教学。课下则辅以难点、热点，在线讨论和网络自主学习。教学过程的改革有利于学生树立正确的学习态度和学习习惯，在充分利用网络优势的同时也抵御了网络娱乐的诱惑。在学习讨论过程中，锻炼了学生的团队合作能力和口头表达能力，以及思辨能力。

## （三）在课堂教学环节方面

生态学课程依次设置了教师讲授、提出问题，学生自行查阅资料并反馈，研究或实践案例讨论等环节，通过教师讲授知识点使学生掌握专业知识，从而克服畏难情绪、提升信心、提高对专业的认可度；通过自主学习拓展知识，锻炼学生的自学能力和独立思考能力，在此过程中培养学生对专业研究的兴趣并通过学习和思考感受到知识的力量和求知的乐趣；通过对案例的分析讨论，学生能够学会应用专业知识解决实际问题，脚踏实地、求真务实、科学严谨的科研态度。

## （四）在教学手段与方法方面

生态学课程采用了讲授式教学与项目讨论/分析式教学相结合的方式，使得学生在掌握理论知识的基础上通过项目教学的知识内化过程获得解决实际问题的能力，为培养社会急需的多元化创新人才而服务。同时教师自信、乐观、积极的态度也能给予学生正面的示范力量。

## （五）在课程考核方式方面

生态学课程增加了平时成绩的比重，丰富随堂考核形式；除以往采用的随堂考勤、随堂提问和讨论外，增加课堂网络在线测试作为检验学生课堂学习效果和学习能力的手段，实现对学习全过程、学生综合素质的全面考核，如图 1-1 所示。所有平时成绩均以电子文档公开记录并上传到互动平台。该考核体系强调诚信，教师严格按照考核方式打分；强化时间观念，缺勤也会不及格；设置机动分激励学生主动学习、积极进取。公平、公开、即时的考核结果不但能及时地反馈于教师教学和学生自学，而且在此过程中学生得到了诚信教育，提高了竞争意识。

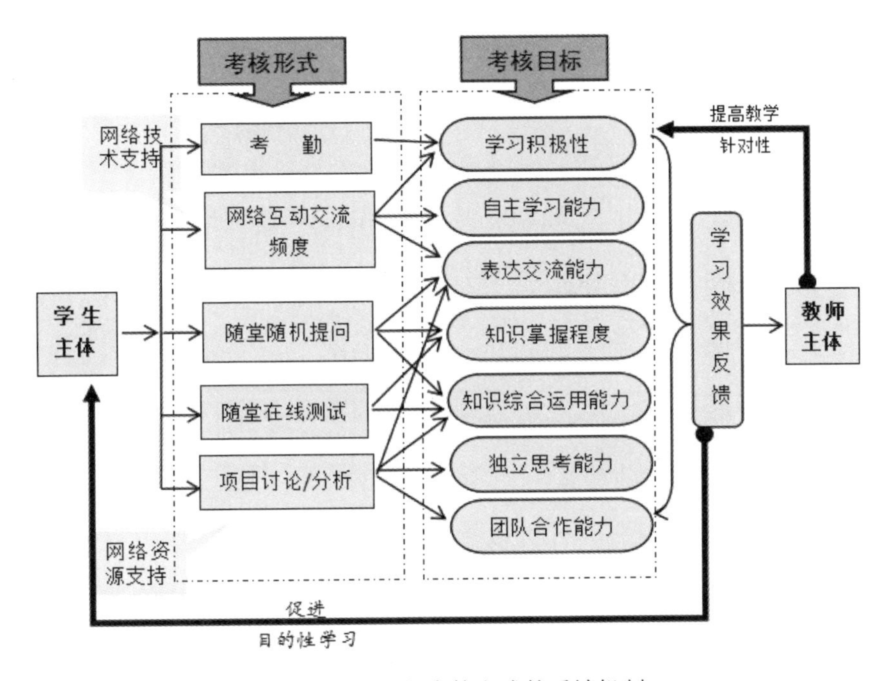


图 1-1　本课程考核方式的反馈机制

总的来说，德融教学在生态学课程中的融合有以下特点：课程教学模式的创新给予学生更多积极参与品德教育的空间；网络资源与教材结合，学生自主学习与教师讲授结合，让学生有机会、有动力做课堂的主人翁，从而更容易认可和接受教师对德育的要求；生态学课程具有的先天优势使得教师有更多机会在教学中潜移默化地进行德育渗透；生态学理论可以直接用于分析人类与环境的关系，生态学中的进化理论、领域行为、种内与种间竞争、生态位理论等可用于分析人类社会行为和个人行为，从而引导学生树立正确的人生观、世界观、价值观、环境观。

## 四、教学效果

本课程在教学中潜移默化地融入德育，取得了较好的教学效果，与往届学生相比，学生出勤率、抬头率和学习效果均有所提高。学生普遍认为生态学的教学形式灵活多样、内容有益有趣，非常认同我们在生态学德融教学中的尝试。在课上课下，学生发言、提问、讨论的人次明显增多，与老师互动更加频繁，不仅仅与老师交流学习方面的困惑，还包括情感、人生规划等方面；作业完成态度认真、参与实践的积极性高涨。90%以上的学生表示非常喜欢本课程的讨论作业、现场教学和实践教学的教学方式。

在生态学的德融教学中，教师的管理对学生的个人品格和能力提升也起到了辐射效果。例如，某学生无故缺勤多次，本应取消考试资格，教师与他交流后发现该生有完成课程学习的强烈意愿，但是自制力较差，通过该生在课堂公开陈述缺勤原因、反思，以及进行个人学业规划后，由全班投票表决的形式恢复其考试资格，之后该生的学习态度、规则意识和对教师的信任度都明显提升，最后顺利通过考核。近年来，本课程学生的评价分数在环境学院一直名列前茅，学校督导组也给予生态学教学较高的评价。

总之，德育融于专业教学是双赢的行为，既潜移默化地培养了学生的能力和品质，又提高了学生对专业学习的认可度和参与程度。考虑到每门专业课程有自己的特点，每位主讲老师有自己的教学风格，不同年代、不同专业的学生学情也有所差别，教师在实施专业课程的德融教学时应根据具体情况有的放矢、不拘一格、灵活应变。

# 数 字 逻 辑

## 一、课程基本情况

“数字逻辑”是面向计算机科学与技术专业大二学生开设的一门重要专业基础必修课，共56学时，3学分。它是硬件课程的“基石”，在计算机硬件课程中起着承上启下的作用，为后续的“计算机组成原理”“微机原理”“计算机系统结构”等课程的教学奠定重要的基础。

本课程主要讲授数字表示、数字编码、布尔代数、组合逻辑设计方法、时序逻辑设计方法、可编程的逻辑器件，以及数字电路系统中应用的概念和技术。教学任务是帮助学生了解数字电路的应用和数字系统的设计方法，建立数字电路的系统级认知，从而培养学生的逻辑思维能力、逻辑抽象能力、解决数字系统实际问题的能力和创新能力，使学生具备数字系统硬件分析、设计和开发的基本技能，为培养计算机系统分析、系统设计和系统集成技术人员奠定基础。

本课程以“诚信”“责任”“爱国”“自我完善”为核心对学生进行素质培养，培养学生高尚的道德素养、过硬的职业素养、求真务实的科学素养、良好的人文素养。

## 二、德融教学设计及内容

### （一）德融教学设计思路

本课程立足于专业教学内容，教学实施过程以学生为中心，突出实践性和创新性的培养，凸显教师身正为范的示范引领作用。使用多元化的思政育人形式，实现德融教学，促进学生专业培养、职业素养、道德素质的提升。课程主要基于以下思路实施思政教育：

(1) 建立多元化评价机制，教学内容突出实践性；

(2) 以企业的岗位需求为依托，强调职业性；

(3) 教书育人，德育为先，注重学生素质培养的全面性；

(4) 兼顾可持续性，利用信息技术改进教学方法和手段，提升教师自身素质和教学能力，全面提高教学水平。

## (二) 德融教学主要内容

本课程从职业道德、社会公德、集体主义、人生观和价值观、科学精神五个方面进行德融教学。教学内容与德融教学的实施形式如表 2-1 所示。

表 2-1 教学内容与德融教学的实施形式

| 章节 | 知识点 | 思政元素 | 实现形式 |
| --- | --- | --- | --- |
| 第一章<br>基本知识 | 数字信号与模拟信号；数字系统的层次结构；计算机的发展历史；数字电路分析设计方法；进制与数制转换方法、机器数、常用编码 | 理论联系实际、思辨能力、爱国、自信、进取、民族自豪感、辩证思维、逻辑分析能力、关联思维、严谨、认真、本质论、大局观 | 课堂举例、图片、实例对比、视频、课堂讨论(头脑风暴)、理论推导、生活实例、关联比较、思维导图 |
| 第二章<br>逻辑代数基础 | 布尔、向农；基本逻辑运算；逻辑函数相等；基本定理规则；最小项与最大项；逻辑函数化简、卡诺图 | 本质论、理论联系实际、严谨、逻辑推理能力、关联思维、严谨、高效、大局观、不怕困难、协作、相对论、本质观、全局观、创新思维 | 科学家的事迹、生活实例、关联对比、逻辑推导、联想、启发教学、课堂讨论 |
| 第三章<br>集成门电路与触发器 | 集成电路的分类与举例、逻辑门电路工作原理、触发器 | 爱国、自信、进取、民族自豪感、关联思维、创新思维、集体主义、社会公德、本质论、全局观、理论联系实际 | 图片、视频、生活实例、关联对比、逻辑推导、联想启发教学、课堂讨论、实验 |

(续表)

| 章节 | 知识点 | 思政元素 | 实现形式 |
| --- | --- | --- | --- |
| 第四章组合逻辑电路 | 组合逻辑电路分析；包含无关条件的组合逻辑电路设计；多输出函数的组合电路设计；无反变量提供的组合电路设计；险象的产生与判断 | 理论联系实际、思辨能力、大局观、共享精神、集体主义精神、奉献精神、协作精神、敬业、严谨、进取、勤俭节约、公平竞争意识 | 新闻视频、生活实例、逻辑推导、课堂讨论、实验 |
| 第五章同步时序逻辑电路 | 脉冲信号与电平信号；状态图与状态表；时序电路分析；同步时序电路设计—状态表示、化简、分配；设计举例 | 理论联系实际、本质观、大局观、严谨、认真、进取、敬业、遵守规则、以集体利益为重、创新能力、协作能力、精益求精 | 新闻视频、生活实例、逻辑推导、课堂讨论、实验 |
| 第六章异步时序逻辑电路 | 异步电路的分析—输入信号的约束；激励表—无关条件的使用；使用触发器状态改变作为脉冲信号；电平异步时序电路的竞争—流程表 | 抓住事物本质、集体主义精神、勤俭节约、思辨能力、善于变通、善于利用现有条件、创造精神、关联思维、严谨、务实、协作、精益求精 | 社会热点、逻辑推导、生活实例、课堂讨论、实验 |
| 第七章中规模通用集成电路 | 加法器；译码器；选择器；分配器；计数器；寄存器 | 善于变通、学以致用、多角度考虑问题、效益最大化、思辨能力、严谨求实、刻苦进取、不畏困难、敢于质疑、开拓创新、精益求精 | 逻辑推导、生活实例、课堂讨论、实验 |

# 三、德融教学方法及手段

## (一) 德融课堂教学方法

### 1. 教学方法设计

德融课堂的教学过程分为六个步骤,教学方法设计流程如图2-1所示。

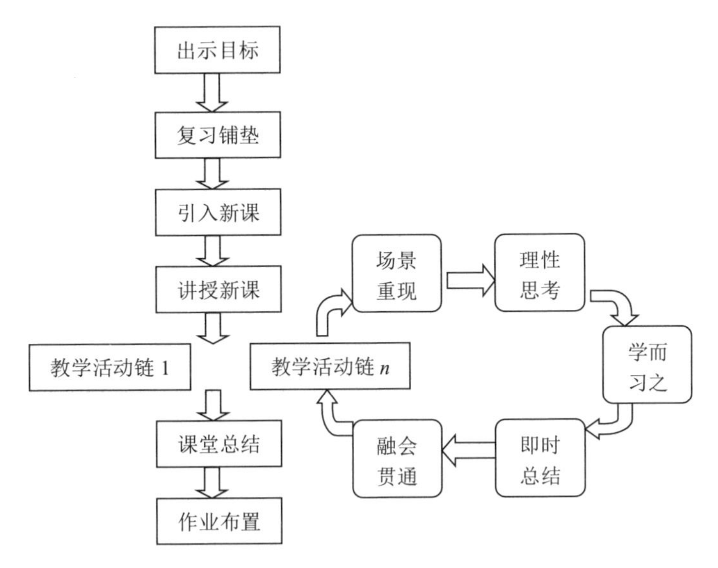


图2-1 教学方法设计流程

(1) 出示目标。上课前，以板书的形式将本次课的主要内容呈献给学生。

(2) 复习铺垫。通过提问学生上次课所讲问题，复习上次课的相关知识。

(3) 引入新课。通过提出问题发起课堂讨论，进而提出本次课的主要内容。

(4) 讲授新课。此处根据知识点划分为若干知识模块，每一个模块对应一个教学活动链，每个活动链包括五个环节：场景重现、理性思考、学而习之、即时总结、融会贯通。

(5) 课堂总结。总结本次课堂教学内容，并指出注意事项。强调细节问题的处理，并希望大家养成科学、严谨的治学态度和创新思维，提高自己分析问题、解决问题的能力。

(6) 作业布置。结合本课内容布置课后作业。

### 2. 教学活动链设置

(1) 场景重现。用典型生活实例引入问题。

(2) 理性思考。列举数据，深入剖析，讲解问题实质。

(3) 学而习之。融入学科实例，实现问题论证。

(4) 即时总结。总结问题实质，此处可以根据实际情况添加德融教育内容。

(5) 融会贯通。引入头脑风暴等形式，拓展问题应用，实现认知升华。

### 3. 教学活动链应用实例

例题：无反变量提供的组合逻辑设计——设计一个组合电路，用来判断献血者和受血者的血型是否相容。

【场景重现】

首先请同学们观看一段“济南市民连夜排队为孕妇捐献救命血”的新闻视频，时间为 2 分钟。

请同学们讨论：

(1) 说说你对这一新闻的看法？如果你遇到了这种事情会怎么做？

(2) 只有血型相容的人才能献血，血型相容的原理是什么？

【理性思考】

医学上检验血型采用的是化学反应，如果我们从计算机专业的角度出发，去做一个这样的组合电路，判断献血者与受血者血型是否相容，应该怎么做？

【学而习之】

根据所学习的组合电路设计知识进行解题，共使用 2 种方法，请同学们比较。

【即时总结】

这个例题告诉大家：

(1) 换个角度，柳暗花明。从解决问题的角度来看，编码不同决定了电路不同，通过研究发现，第二种编码大大简化了电路结构，因此大家要注意尝试多种方法，精益求精。

(2) 无偿献血，责无旁贷，赠人玫瑰，手留余香。乐于助人是高尚的美德，在他人需要帮助的时候，及时伸出援手，奉献自己的爱心，世界将会变得更加和谐美好。

【融会贯通】

发起头脑风暴：

若 $F = A\overline{B} + \overline{A}C + B\overline{C}$，在不提供反变量的情况下，如何用与非门实现函数的最简电路？

请大家完成后，将此题结果拍照并上传至班级课程群。

## (二) 德融教学实施手段

课程中的德融教学实施手段包含以下五种具体形式：

### 1. 例题

讲授例题时，通过引入具体的生活实例和生活场景，引入要讲解的问题。通过类比，剖析问题，引导学生抓住问题实质，从多个角度考虑问题，培养他们科学严谨、勇于创新的精神，以及做人做事的道理。鼓励学生不畏困难、敢于质疑，找到自己的发光点。例如，在讲解包含无关条件的电路设计时，通过两种不同方法的对比，引导学生全面考虑问题，利用一切可以利用的条件解决问题，从而简化电路结构；讲解多输出变量的电路设计时，通过类比生活中的共享问题(知识分享、作业抄袭、投标作弊等)，进而总结哪些是有益的共享(知识分享)，哪些是有害的共享(作业抄袭、投标作弊)，引导学生培养遵纪守法、遵守职业道德、诚实守信、乐于助人等正确的道德品质。

2. 实验过程

在实验中分组协作，分工明确，培养学生团结协作、自律守时、爱岗敬业、勇于进取的职业精神。对在实验过程中出现的问题，鼓励学生开拓思路、勇于创新，培养他们认真严谨、精益求精的科学精神。通过实验的验收，培养他们诚实守信、实事求是的工作作风。

3. 时事新闻

课上课下通过结合发生的时事新闻、社会热点，及时传递正能量。通过典型实例，培养学生弘扬正义、惩恶扬善、诚信守法、正直善良、乐于助人的品格。选取成功的创业事迹，鼓励学生开拓思路、勇于进取、坚持不懈、甘于奉献。通过解读就业政策，引导学生找准定位、有的放矢，做好职业规划。通过本专业的就业形式和考研情况，选取适当典型，帮助学生树立自信、挖掘自身潜能，使其产生更大的学习热情。

4. 名人轶事

结合本专业特点，通过讲解名人事迹，或者推荐学生课下观看名人故事，让学生在增长知识的同时，还能学习榜样、身体力行。例如，通过讲解冯·诺依曼的故事，培养学生科学严谨、勇于进取的科学精神；通过讲解齐白石的故事，培养学生不畏困难、坚持不懈的进取精神。通过讲解邓稼先的故事，培养学生乐观进取、积极向上的态度和爱岗敬业、爱国爱民的情怀。结合当代名人的创业故事，鼓励学生自立自强。通过一些访问专题，培养学生尊重他人、平等相处的为人之道。

5. 亲身经历

学高为师，身正为范，言传身教，教书育人。作为一名教师，首先要提高自身的道德修养，不断自我完善，传递正能量，潜移默化地去影响学生，和学生共同成长。在教学中，教师会分享自己的一些学习经历和就业经历，引导学生选择正确的学习方向，少走弯路。对于一些典型的生活实例，我们会从正面的角度引导学生孝敬父母、尊师爱校、热爱班级、乐于奉献。课下注重与学生的情感交流，尊重学生，及时引导学生树立积极乐观的人生观和正确的价值观。

## 四、教学效果

在以前学习的过程中学生们普遍感到数字逻辑这门课难学、难懂、概念抽象，对这门课的感性认识差，教师在教学中使用传统的教学方法和教学手段很难实现教学目标。有些学生时间观念淡薄、经常迟到，有的人学习不认真、不求上进，作业抄袭现象屡禁不止，大多数同学集体主义感较差，自我意识强烈，我行我素。

通过德育教育，上述现象有了很大改观，整个班级精神风貌焕然一新。多样化的课堂教学模式，更容易被学生接受和认可。网络平台和手机 App 的使用使得学习更加人性化，提高了学生的学习兴趣。现代化的实验教学方法结合“创新能力培养”的教学思想，使学生更喜欢动手操作，在巩固知识的同时又提高了自身的创新能力。学生到课率达到 98%，无迟到早退现象，课堂气氛活跃，学习热情高涨，积极回答问题、参加课堂讨论和课堂活动，作业完成质量有了很大提高；实验态度认真端正，实验课小组成员团结互助、讨论热烈，做到了人人参与、相互协作、共同进步，每个小组都能高质量完成实验，达到了学以致用的效果。大多数同学不再迷茫，开始制定个人学习目标和学习计划，并愿意为之努力。

实践证明，以上措施很好地达到了“立德树人，润物无声”的教学目标。但是德融教育是一个长期潜移默化的过程，不仅仅局限于一门课、一个学期，要取得显著成效还需要师生长期的坚持和努力。

# 食品化学

## 一、课程基本情况

“食品化学”是食品科学与工程专业、食品质量与安全专业的专业基础必修课，共 40 学时，2.5 学分，在大三第六学期开设。

本课程的目标分为三部分，分别是知识目标、能力目标和素质目标。

知识目标是用来熟悉并掌握食品材料中的主要成分结构与性质；食品组分之间的相互作用和这些组分在食品加工和保藏中的物理变化、化学变化和生物化学变化，以及这些变化和作用对食品色、香、味、质构、营养和保藏稳定性的影响。

能力目标是使学生具有扎实的理论知识、综合分析和解决实际问题的能力，在此基础上培养学生缜密的逻辑思维习惯和较强的科研能力，为学生从事食品加工、保藏和相关领域的研究和产品开发打下坚实的理论基础。

素质目标是培养学生灵活运用食品化学知识的能力，并具备一定的科学思维和研究能力。因此，在食品化学课程教学设计和课堂讲授中，我们结合知识特点，融入做人做事的道理，通过讲解德育故事或生活案例等有效手段，实现润物无声的作用，把立德树人的根本要求落到实处。

以上三项目标有效地融合，可以为职业教育注入新的活力，培养“智育”和“德育”的双优人才。

## 二、德融教学设计及内容

大学阶段是大学生道德学习和道德建设的重要时期，也是养成道德观念和道德行为的关键时期。大学生是实现科教兴国战略的重要力量之一，他们的思想道德状况如何，关系到我国现代化事业的成败，关系到能否实现中华民族的伟大复兴。

在食品化学课程的教学中，我们充分挖掘提炼课程知识体系和教学过程中的德育元素，在进行专业知识教育的同时，注重将德育教育自然融入教学。首先，将品德教育融入教学，着力培养学生爱国、爱党、爱民、爱校的道德情操；其次，通过传统文化涵养学生品性，加强自身修养；最后，引导学生求真向善，养成执着探索的科学精神。

具体实施时，我们在教学设计和课堂讲授中运用网络辅助教学；以“教师为主导，学生为主体”的教学理念，在课堂上采用案例探究、情景启发、讲练结合的教学形式，在课外采用网络学习、课后作业、课后自检的教学方式，结合知识特点，融入做人做事的道理；通过讲解德育故事或生活案例等有效手段，使学生对国家政策、制度加深认识，培养学生正确的人生观、道德观、科学观、价值观，把立德树人的根本要求落到实处。

根据本课程的教学内容，围绕课程目标融入德育元素，使学生既能学习专业知识又能加强道德教育。德融教学设计和内容具体如表 3-1 所示。

表 3-1　德融教学设计和内容

| 章节 | 知识点 | 思政元素 | 实现形式 |
|---|---|---|---|
| 第一章第二节、第三节；第八章第二节、第三节 | 食品化学发展史，食品掺杂，食品化学研究内容；食品中的天然色素、食品着色剂 | 食品安全是第一位的，不可被利益蒙蔽双眼，要加强自身修养；具有创新精神，开发新技术、新方法、新仪器 | 图片教学，视频教学 |
| 第二章第四节、第五节、第六节 | 水分活度，水分吸附等温线，水分活度与食品稳定性的关系 | 正确的科学观、价值观；团队意识、协作精神 | 图片教学，讨论式教学，多种形式的考核 |

(续表)

| 章节 | 知识点 | 思政元素 | 实现形式 |
| --- | --- | --- | --- |
| 第三章第二节、第四节 | 美拉德反应，淀粉糊化 | 爱国、爱家、爱父母，有感恩的心，培养家国情怀 | 图片教学，问题探究式教学，讨论式教学，情景启发式教学，多种形式的考核 |
| 第四章第五节、第六节 | 油脂氧化、油脂加工 | 自律、自爱、自强 | 图片教学，讨论式教学，多种形式的考核 |
| 第五章第四节、第五节 | 蛋变质的变性、蛋白质的功能性质 | 传承中华传统文化，为实现“中国梦”做贡献 | 图片教学，讨论式教学，多种形式的考核 |
| 第六章第二节、第三节、第五节 | 酶促褐变、酶在食品加工中的应用、酶的固定化 | 培养细心观察、科学严谨的研究精神，保持孜孜不倦的学习态度 | 图片教学，讨论式教学，情景启发式教学 |

## 三、教学方法及手段

### (一) 视频教学

通过视频教学，加深学生的印象，加强学生的自身修养。在讲解绪论时，首先引用视频文件 2008 年的“三聚氰胺”事件，引出食品掺杂问题，并引导学生思考：为什么掺假？掺假为什么会导致事故的发生？检测部门为什么没有检测出问题？通过一系列提问，从学科知识(增加奶粉中蛋白质含量)到行业教育(不可将化学原料添加到食品中，检测技术及设备的落后)再融合品德教育，告诉学生要做一个合格的食品工作者，永远把食品安全放在第一位，不管以后做什么工作都不能被利益蒙蔽双眼，要加强自身品德修养，培养正确的价值观；同时鼓励学生进行科研创新，开发新技术，创造新设备，将犯罪的源头扼杀在摇篮中，不让不法分子有机可乘。

## （二）图片教学

运用图片教学，讲述学科知识的同时培养学生的自律意识。在讲述油脂加工内容时，大量使用图片教学，以学生喜欢吃的各种蛋糕、油炸食品等图片引出油脂加工的知识点，启迪学生事情都是两面的，油脂加工有利有弊，缺点是产生反式脂肪酸，对人体伤害极大，因此我们要控制自己的嘴巴，不可多吃。同样的，对于平时的嗜好，比如玩电脑、打游戏、看电视等要适当，不可无节制，一定要克制自己；鼓励学生培养一个有利于身心的兴趣爱好，在学习工作之余可以放松心情、陶冶情操。

## （三）案例探究

采用案例探究式教学，运用学科知识使学生永远保有一颗感恩的心。通过日常生活中的小例子“妈妈切好的土豆丝，在炒之前应如何处理？”引出酶促褐变的知识点，此时询问学生“是否想念妈妈炒菜的味道？”让学生多往家里打电话，回到家里做些力所能及的事情，以后工作了也要常回家看看。人只要懂得感恩，不管以后走多远、有多大的成就，也不会迷失自己，这一点是非常重要的。

## （四）情景启发

通过情景启发式教学，促进学生学习的兴趣，培养他们善于发现的科学精神。把日常生活中相关的食品化学题材引入课堂中，进而提出问题，引入食品化学的基础理论来解决问题，实现“由生活走向食品化学”的学习。如讲解“淀粉糊化”的知识点时，引出炒土豆丝的学问，加入食用醋时，炒出的土豆丝脆而不绵软，说明酸性条件下不利于淀粉的糊化；在熬制玉米粥时加入少量的碱，熬出的粥更黏稠，且颜色由浅黄色变成深黄色，此时点出碱性条件下有利于淀粉的糊化，同时使类黄酮色素形成查耳酮结构。而后再引入淀粉老化的知识点，如冷米饭的口感变差，如何控制这种现象生产出方便米饭，说明抑制淀粉老化是控制方便米饭品质的关键。让学生触景后能“生疑”，促使学生积极思考，这样学生也很容易理解“淀粉糊化和老化”的知识点，从而达到以景促思的积极效果。

## （五）讲练结合

运用讲练结合的方法，培养和训练学生的综合能力。把“教师讲、学生听”的传统方式改为学生在教师指导下主动获取知识的教学模式。在本课程第一次上课时向学生说明一共有多少次讨论题目，将同学们分成人数相等的小组，利用小组合作进行课堂讨论，培养学生的团队协作精神。一般在重点章节讲述前都会布置课堂讨论题，如蛋白质一章设计了“改性蛋白质的安全性及研究进展”“肉蛋白的加工特性”等题目，在一定时间内学生通过查阅各种文献，整理成讲课资料，用自己的语言在课堂上进行讲解，不同组的学生讲解风格不同，讲后学生和教师进行讨论，教师起到组织者的作用，引导学生思考。课堂讨论不仅表现了组内成员的协作性和表达讲解能力，而且强化了学生的文献阅读和综合分析能力。

## (六) 应用学科知识

运用学科知识培养学生的创新精神。由于人们知识的局限，当前许多难题没有得到很好的解决，在讲课时教师会重点向学生说明那些至今无法解决的课题，如在讲固定化酶知识点时说明固定化技术虽然有诸多优点但是也面临着很多缺点，启迪学生由于知识、仪器等的限制，很多科学问题还有待解决，而他们正是解决问题的主力军。科学总是不断发展进步的，因此，大学生要永远督促自己学习新的知识，勤于思考，勤于观察，具有科学的创新精神。

## (七) 考核形式多样

通过多种形式的考核，培养学生严谨的治学、处世态度。本课程改变以往以平时作业和期末考试作为课程考核成绩的方法，将课堂讲练表现、网络学习、课后作业、课后自检、期末考试五方面纳入课程考核范围，其所占课程总成绩比例分别为10%、10%、10%、20%、50%。其中，课堂讲练主要考核组内成员的工作量、讲解内容的全面性、表达是否清晰、归纳是否准确合理、是否有独到见解；

网络学习主要考查网络访问量和互动情况；课后作业主要考查学生对课堂知识的掌握情况；课后自检是以试卷形式要求学生在一定时间内完成，以试卷成绩作为考核标准；期末考试，主要考查学生理论联系实际的能力。通过采用多种形式、多个阶段的考核评价，不仅转变了教师的教学方法，而且有效调动了学生学习的主动性和积极性。考核形式多样化，每一部分占据不同的分值，告诫学生只有按要求做到了，才能得到相应的分值，这是任何人都必须遵守的。由此，给学生传达在以后的生活、学习和工作中必须有一定的原则性，一旦制订了计划就不能被任何人破坏的思想。

## 四、教学效果

实践效果表明，食品化学课程的教学模式有效地调动了学生学习的积极性，激发了学生的学习兴趣，形成了较好的教与学互动，促进了学生的自主学习能力，有效提高了学生的综合应用能力和实践能力，取得了较好的教学效果。

在教学中恰当地融入品德教育，学生们普遍反映通过德融课堂教育，加深了他们对专业理论知识的深刻理解，同时又懂得了做人做事的基本道理和行为准则，使他们更加喜欢自己的专业，更加自信，对未来的职业规划具有重要意义。通过教学，完成了引导学生树立正确的人生观和价值观，培养学生具有科学精神、科学态度、团队意识、协作精神的目标。

# 环境保护与可持续发展

## 一、课程基本情况

“环境保护与可持续发展”是一门面向全校的通识选修课，共40学时，理论学习32学时，课外实践8学时，考核方式为考查。

本课程以环境保护、环境污染控制、生态文明建设相关知识为主要教学内容，通过课堂教学和实践训练，培养大学生的环保意识、环保素养和环保技能，旨在为学生心里埋下一颗“生态、环保、美丽中国”的种子，这颗种子，会在他们走上社会后，在美丽中国的某一片土地上生根发芽，开花结果，造福一方，为美丽中国增加正能量。因而，本课程对于美丽中国建设，有着现实和长远的意义，其社会价值是无限的。

本课程的内容决定了其具有鲜明的时代特色和实践特色，非常适合植入德育元素，教学团队在做好知识传授的同时，积极开展德融教学实践和探索，取得了很好的效果。

## 二、德融教学设计及内容

对照齐鲁工业大学“人格健全、身体健康、思维创新、素质全面”人才培养标准，以及刘家义书记来校调研时提出的“强精神、强智识、强体魄、强能力”四强要求，找准人才培养中的薄弱环节，从培养大学生综合素质和能力的角度出发，对课程进行系统设计：合理筛选教学内容，建设活力课堂，丰富实践活动，改革考核方式，借助于全方位的学习交流平台，提高学生的综合素质和能力，将德育融于教学过程中，培养学生良好的学习习惯和道德品质，以全面提高其综合素质。

### （一）系统设计，构建目的明确的课程组织体系

教师主导教学过程，对课程的各个教学环节都进行深入的分析和优化设计，努力寻找和培育学生知识、素质、能力的增长点，将学生综合素质培养渗透到课程各个环节，提高课程教学质量和与人才培养目标的相符度，从而形成完整的课程组织体系(见图 4-1)。学生主动参与学习过程，只要按照课程指引参与课程训练，必然会得到相应的能力和素质的提高。

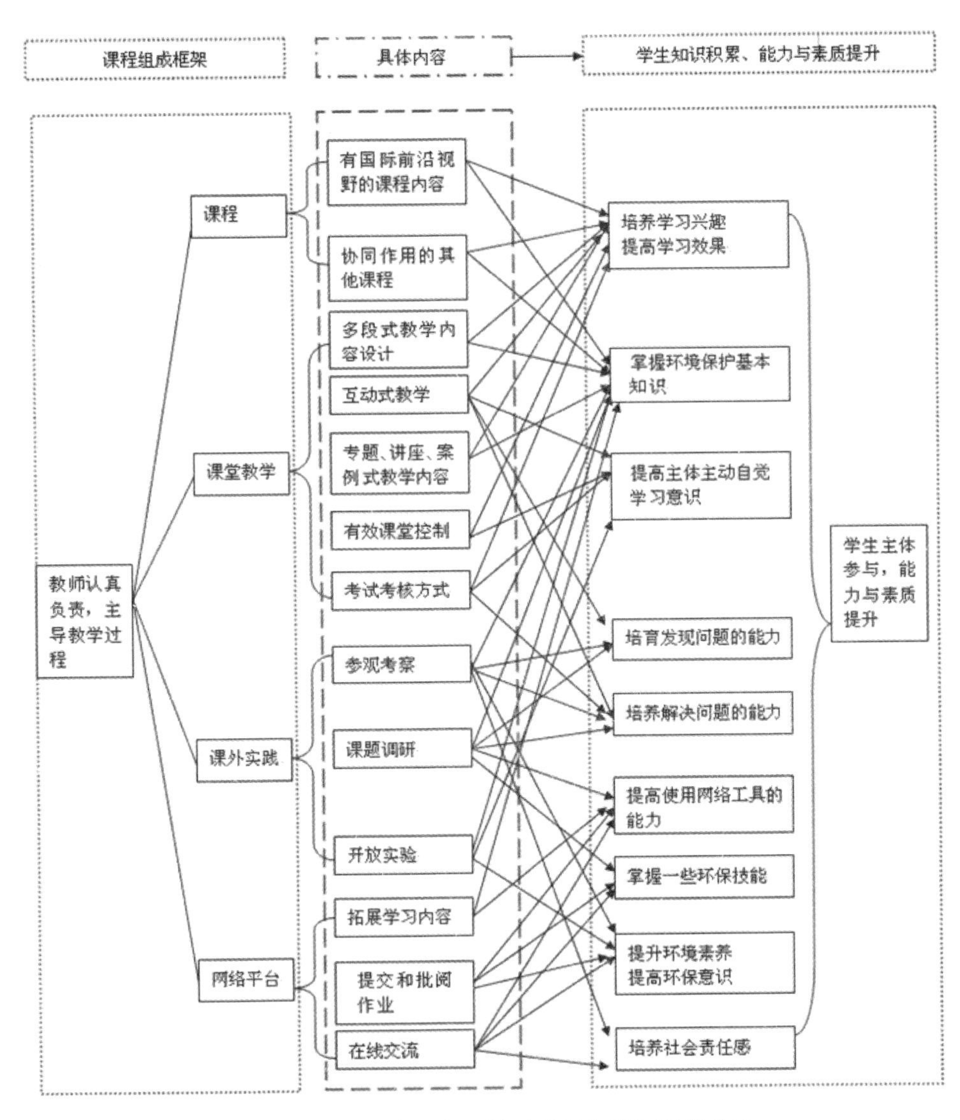


图 4-1 《环境保护与可持续发展》课程组织体系

这个体系要求课程的每一个要素和环节的设计都有明确的目的性，都必须与学生增长知识、培养能力和提升素质建立密切的联系。学生应有目的、有针对性地去参与和完成每个要素和环节。

以作业“我爱家乡水”为例(见图 4-2)，这个作业要求学生采用实地调研、网络检索等途径了解自己家乡水环境的现状和变化情况，结合课程所学思考变化的原因，提出改进的措施，最终以图文作业的形式展示在课程网站。本作业有三个目的：一是巩固课堂上学过的水污染知识，并能了解相关的地理知识；二是训练观察问题的能力、网络检索能力、思辨能力、语言表达能力、计算机(网络)等工具应用的能力；三是引导学生深入思考环境问题与自身的关系，提高他们的环保意识和社会责任感。通过这种优化设计，作业要求就和人才目标紧密联系起来，学生带着强烈的目标意识和热爱家乡的情感去做，乐在其中，收获颇多，从而调动了其学习的积极性和主动性。

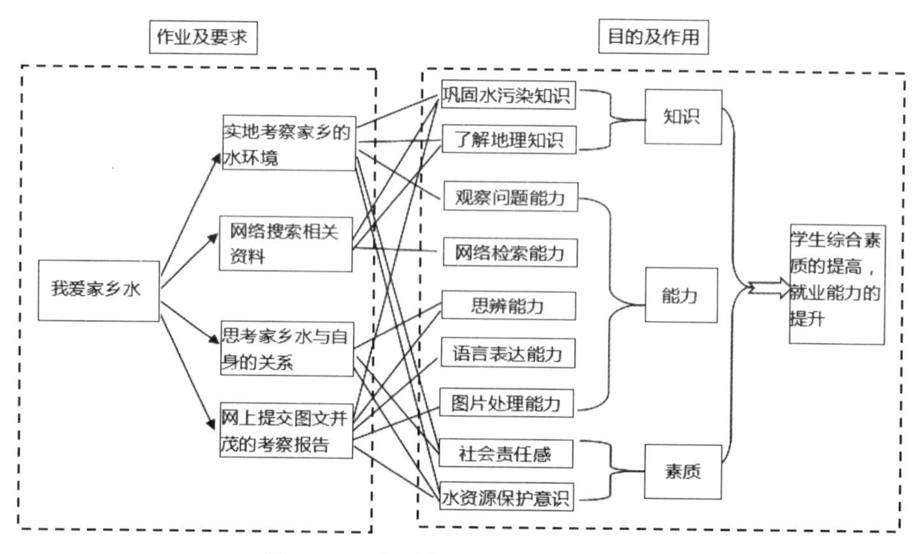


图 4-2 “我爱家乡水”作业设计架构

## (二) 分层设计教学内容，给学生自主选择的空间

考虑到选课面向全校各专业各年级学生，学生的知识水平不同，专业背景不同，在知识体系上需要考虑学生的接受能力。教学团队以基本教学内容为骨架，以自学选修内容为血肉构建了相对开放的知识体系。

### 1. 基本教学内容

本课程涵盖环境科学中的主要环境问题，由教师在课堂上分专题进行讲授，要求学生必修必学。

### 2. 自学选修内容

根据学生不同的专业背景，辅以各行业环境问题、治理措施、清洁生产等内容，学生根据个人兴趣和专业方向选学。

对于自学选修内容，学生可以联系自己的专业知识，对这些问题进行较为深入的研究探讨，而研讨成果由同学以主题讲座的形式在课堂上进行分享。这既给了学生更大的自主选择空间，也为基本教学内容提供了有益的补充。

基本教学内容与自学选修内容进行优化组合，使课堂学习和课外学习形成一个有机整体(见图 4-3)。

因而，课程教学内容可以同时兼备多级功用，让水平不等、要求不同的学生各得其所，杜绝了在教学过程中的“一刀切”现象。

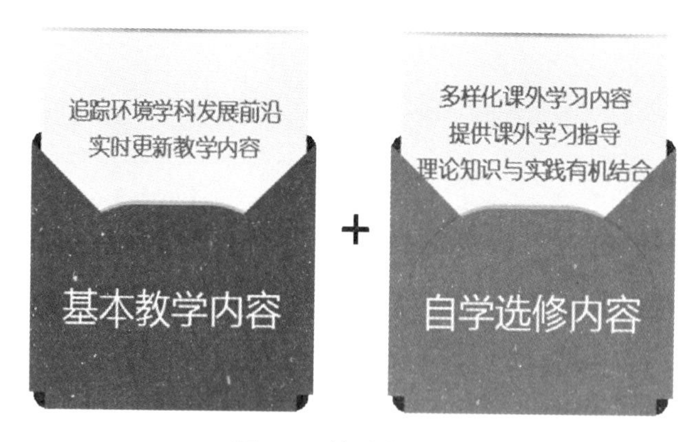


图 4-3　教学内容设计

## （三）建设活力课堂，提高学生学习的主动性和参与意识

教学团队创设新的课堂形态，将“满堂灌式”的教学过程分解成若干小环节：教师主讲的大主题讲座，学生主导的小主题讲座，以及新闻周报、作业分享和看片讨论等(见图 4-4)，使学生可以主动参与课堂。

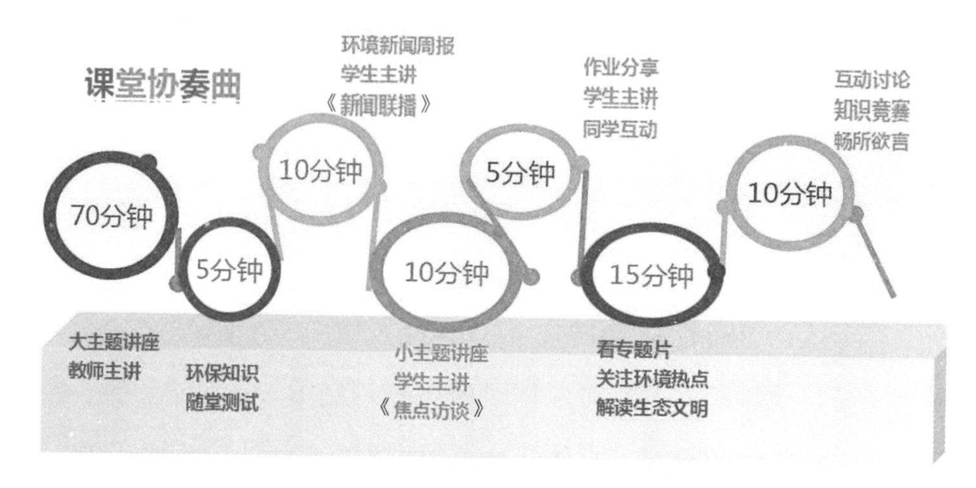


图 4-4　活力课堂组成示意图

这种多段式的课堂教学方式，知识点、视频、新闻互相穿插，老师、同学充分互动，使课堂有节奏、有韵律、有高潮，不断有新鲜内容冲击学生的视听神经，提高了课堂的吸引力，提升了学生的专注力。

课堂互动环节逼迫学生主动思考、总结表达，锻炼了其思维能力和表达能力。小主题讲座、新闻周报、作业分享等环节要求学生上台讲课，为了完成这个任务，学生会主动查阅资料，消化整理，变成自己的语言表达出来，提高了学生对知识的综合运用能力。不少学生反馈，制作课件、面对近 200 人进行 10 分钟的演讲这个任务很不容易，需要协调分配任务，搜集资料、制作课件、上台演讲、发言讨论，既训练了使用办公软件的技能，还提高了组织协调能力、表达能力和主体意识。据统计，约有 50%～60%的学生能够参与课堂教学环节，最初，学生的主动性较差，必须派发任务，后来有的学生会主动争抢这个任务，参与意识和学习的主动性有了质的飞跃。

## (四) 课上课下有机结合，提高实践动手能力

重视课外实践环节，将其作为课堂教学的重要补充。教学团队组织了一系列课外实践活动。

### 1. 校内实践

依托校园及周边环境设施开展实践活动。这类活动成本低，几

乎不需要物质投入，但收效显著。例如，在教室观看环保电影，巩固环保知识，锻炼思考能力；参观学校中水站，考察了解学校节水情况；走进微生物实验室、水处理实验室观察环境微生物，掌握污水处理原理；在校园里“胜日寻芳”“夏日驴行”“秋日寻景”，发现校园之美；“雨中除癣”“春日植草”“冬日植树”，参与校园环境建设。这些实践活动不但深化了学生对课堂所学知识的理解，而且增加了他们爱校、荣校的意识。

2. 校外实践

策划组织校外实践活动。例如，济西湿地考察、黄河调研、家乡水调研、登山等活动，这些活动引导学生主动关注社会发展问题，提升了社会责任感，还在户外远行中锻炼了身体。

丰富多彩的实践活动对于课堂教学形成了有力的支撑，学生通过亲身实践，加深了对所学知识的理解，巩固提升了学习效果。学生参与课外实践活动的热情高涨，人均参加活动 4.5 次。此外，我们还发起成立了“炫跑团”，带领学生跑步，锻炼身体，仅在 2016 年 4 月 22 日世界环境日当天就有超过 150 人合计跑步超过 422 千米。通过实践活动，还发现了一批有一定实验技能和研究基础的学生，吸引他们参与开放实验，进一步培养其实践能力和创新精神。

## （五）改革考核方式，引导学生多学多思多收获

在考核设计上，改变最后一考定成绩的模式，最后测试(论文)

仅占总成绩的25%。本课程更加重视对平时学习过程的监管，向学习过程要效果，平时成绩包括20%的考勤、35%的作业(课堂参与)、20%的课外实践(见表4-1和表4-2)。

表4-1　成绩评价体系

| 得分项目 | 分值 | 计算说明 | 备注 |
|---|---|---|---|
| 考勤 | 20分 | 考勤10次，每次2分 | 低于12分(无故缺勤40%)即判定为不合格 |
| 课外实践 | 20分 | 8个学时，每个学时2.5分 | 低于10分即判定为不合格 |
| 最后测试(论文) | 25分 |  | 低于15分即判定为不合格 |
| 作业 | 35分 | 详见表4-2 | 应完成一定数量的作业，作业为0分判定为不合格；抄袭作业者(某篇作业为0分)直接判定为不合格 |

表4-2　作业得分途径

| 得分项目 | 计算说明 |
|---|---|
| 课堂参与 | 参与小主题讲座、新闻周报5～25分，发言5～10分(主动发言与被动发言有区别)，得分上不封顶 |
| 网上提交作业 | 一般每篇作业5～20分，得分上不封顶 |
| 随堂测试 | 0～5分/次 |
| 参与课程管理工作 | 担任课程组组长，并组织工作加5～10分 |

采用“最低要求分+上不封顶”的赋分理念，让学生明确课程考核及格的最低要求，通过考核激励和诱导学生投入更多的精力学习课程，特别鼓励学有余力的优秀学生在课程中得到更多的训练，以提高各方面的素质和能力。很多同学讲道：“完成这些作业，就像打怪兽升级一样有成就感。”从中也体会到“一分耕耘，一分收获”“多劳多得”的人生哲理，最终有超过半数的学生超额完成各考核环节的要求。2016/2017 第二学期，王琳琳同学斩获 592.5 分，是课程有史以来的最高分。课程的不及格率维持在 8%左右，这也体现了对于部分不认真学习的同学的惩戒。

## (六) 以“互联网+”思维，构筑课程网络学习与交流平台

作为一门通选课，选课学生分散在全校各个专业、各个班级，传统方式很难将学生凝聚和组织起来，网络就成了最好的载体。为适应学生使用的互联网工具(由电脑为主到手机为主)的变化，我们打造了由课程网站、微信公众平台、QQ 群、微信公众号等组合而成的“立体式、全时段”网络教学平台(见图 4-5)。在这一网络平台上，学生有更大的空间和更多的自由时间进行自主探索，可在任意时间学习课程知识。

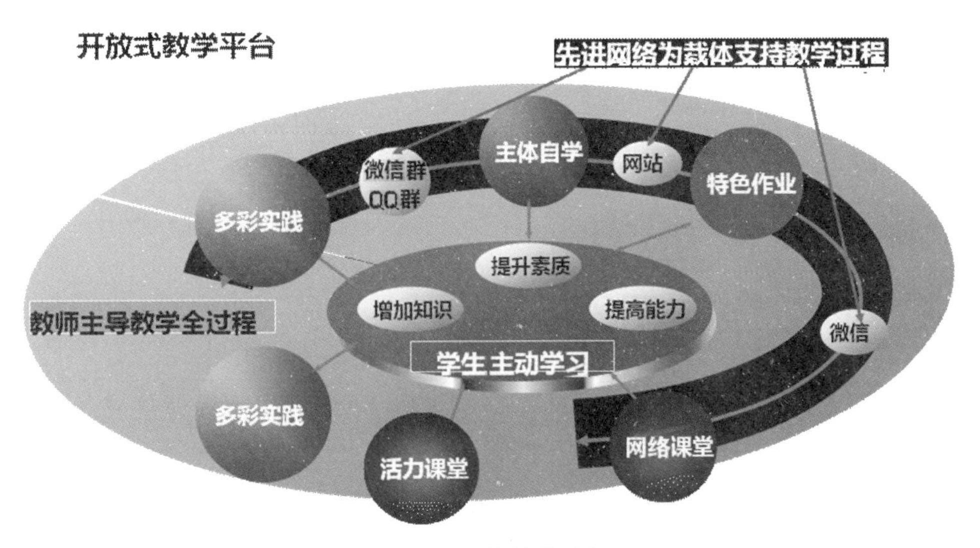


图 4-5　网络教学平台

(1) 课程网站：学生通过网站复习课堂教学内容，学习国内外先进的环境教育课程，提交学习作业；老师通过网站在线批阅作业，听取学生对于课程设计与改进的意见和建议。

(2) 课程微信公众平台“生态工大”：主动推送环境新闻、上课视频、讲义讲稿等内容，实现了将课堂搬到手机上，学生可以利用碎片化的时间随时学习。

(3) QQ 群：师生之间可以随时就有关问题展开讨论，交流学习体会，下载教学资料。

这些网络工具学生都比较熟悉，很容易上手，将它们组合使用，建立网络平台，既可加强师生间和学生个体之间的信息互动，实现无障碍交流；又能拓展教学的空间，延伸教学的时间，有效解决课程信息量大与课堂学习时间有限之间的矛盾。

借助网络平台，教师不仅在课堂上传授知识，更可以在日常生活中指导学生的行为。

## 三、教学方法与手段

德融教学，需要有机无痕地融入，德育要坚持问题导向，针对学生群体中普遍存在一些不良习惯和行为导向，精准实施。

### （一）以课堂规范引导行为规范

为明确课程要求和课堂规范，使学生重视每一节课，课程教师特意带领学生开展了如下四项行动。

#### 1. 入列行动

因为这是一门通选课，选课学生来自各个学院的不同专业，相互之间并不熟悉，为此我们将选课学生分成了 10 个连，每个连划定一个区域，这样同一小组的同学坐到一起，有利于相互之间的交流。课程中的很多环节需要各个连队参与，比如承担新闻周报、小主题讲座、讲座评分等。

#### 2. 亮桌行动

课前要求学生用一分钟的时间清理座位周边的卫生，清理干净桌洞及脚下周边的垃圾，放到前面后面的垃圾桶。为学习营造良好的环境，也打造一个绿色教室。这教给学生的道理是：既然是与环保的约会，必须有一个整洁的教室环境，从而引导学生关注身边的环境，关注自身的行为。有的学生将这一行动推广到其他课堂，也产生了良好的效果。

### 3. 笔记行动

这是针对大学生不爱记笔记的问题而采取的行动，要求学生记录课堂上有感有悟的东西，不带纸笔的可以用手机记在记事本中，为课堂所学知识留下印记，为复习总结留下依据，有助于同学们随时进行回顾、思考。

### 4. 分享行动

遴选出优秀的作业，请同学们在课堂上分享自己的活动收获、写作思路、心路历程。这有助于引导学生将自己积极、健康的一面充分展示出来，获得自我肯定与认同，提高其自信心。

## (二) 以教学内容培育责任意识

课堂教学通过讲解每一个环境问题，分析原因，引导学生思考这些问题与个人之间的关系。在讲解每个专题时，会随时穿插一些近期重要的环境事件，使学生能够更直观地学习和理解相关知识，从而提高环保意识和社会责任感。课程中的德融教学点如表4-3所示。

表 4-3　课程德融教学点(部分)

| 讲座 | 德融教学点 |
| --- | --- |
| 导论 | 立规矩、明要求，以规矩求规范；杜绝抄袭、旷课等不良行为；培养团队意识、诚信意识、进取精神 |
| 环境问题 | 列举历史上的十大环境问题与当前的环境问题，并进行对比，引导学生辩证思考环境问题的解决不能超越历史的发展阶段；使学生清楚地认识到自身的环保责任 |
| 全球气候变暖 | 将吃肉与气候变暖建立关联，指出我们日常生活中的一些不合理消费习惯可能会导致环境问题的发生；强调保护环境是每个人的责任，我们应该从自身小事做起 |
| 水资源、水污染及其控制 | 布置“我爱家乡水”作业，学生对身边水环境的调研会极大地提高其环保意识和社会责任感 |
| 大气污染与控制 | 举身边的例子，比如有些同学带食物进入教室，或者在教室抽烟，造成室内空气污染，引导学生摒弃不健康的生活方式 |
| 固体废弃物噪声、光污染 | 从查找大学生活中的噪声入手，引导同学们反思自己的不良行为 |
| 生物多样性保护 | 观看电影《可可西里》，介绍藏羚羊保护卫士索南达杰，学习其不畏艰难，不怕牺牲的精神 |
| 人口与自然资源 | 通过 2016 年武汉大雨，城市内涝的案例，讲述人类对于土地资源的过度开发利用，教导同学们应尊重自然，敬畏自然 |
| 生态文明与可持续发展 | 讲解中国生态文明建设制度的形成、可持续发展的案例，见证祖国发展成就，培养学生的爱国热情 |
| 环境管理与法规 | 讲一些环境污染事故及处理的情况，培养学生敬畏法纪的意识 |

表 4-3 中列出了各个主题讲座的德融教学点。需要说明的是，

这些德融教学点，有些是引用近期的一些环境事件，结合案例分析，找出背后的原因，引导学生反思自身行为是否恰当，是否有潜在的犯错倾向，予以警示。这个过程中，也会展示我国为环境保护所做的努力和成就，让同学们感觉到祖国的发展变化，为之自豪，培养爱国热情，同时也认识到自身的社会责任，培养家国情怀。

对于选修选学内容，每一期课程都会根据当前的环境热点问题，提供 50～60 个题目(见图 4-6)，供同学选择探讨，其中一部分作为小主题讲座在课堂上由学生呈现，对这些环境事件进行介绍、剖析；新闻周报则是搜集近期主要的环境新闻并进行播报，使学生了解环境事件，引导学生对自己身边的环境问题进行思考。通过这些措施引导学生思考如何与环境和谐相处。

### (三) 以课外实践厚植责任情怀

在课外实践方面，充分发挥学生的主动性和创造性，将学生的自主活动与教师组织的活动相结合，在实践活动中培养学生的团队责任感、互帮互助的精神。

以骑行污水厂、考察黄河生态为例，这个活动要求同学们骑自行车往返，距离约 30 千米，这对很多同学来说是个挑战，能起到锻炼身体的作用。整个过程中大家一起前行，需要保持队形，安全同行，可以同步进行安全教育。骑行过程中难免会有掉队爆胎的情况，需要团队协作，保证一个也不掉队，可以培养团队协作意识。考察污水厂和黄河水系，是从理论到实践，强化对水资源及水污染控制知识的理解，而这个过程中发现的环境问题，也会引发同学们的思考，培养其社会责任感。

| 序号 | 题目 | 星期 |
|---|---|---|
| 1 | 政府工作报告里的环保信号 | 1 |
| 2 | 一个外卖餐盒的自述 | 1 |
| 3 | 掏个鸟窝判10年半等案例的启示 | 1 |
| 4 | 谈谈黑臭水体治理 | 1 |
| 5 | 大气十条这五年 | 1 |
| 6 | 快递包装对环境的影响 | 1 |
| 7 | 资源枯竭型城市发展—以××城市为例 | 1 |
| 8 | 临沂市长被环保部约谈之后 | 1 |
| 9 | 土十条解读 | 1 |
| 10 | 垃圾烧与不烧的困惑 | 1 |
| 11 | 河流的湿地功能恢复 | 1 |
| 12 | 说说环保公益诉讼 | 1 |
| 13 | 全面二孩政策放开之后 | 1 |
| 14 | 素食与环保 | 1 |
| 15 | 洋快餐的安全问题 | 1 |
| 16 | 环境保护机构改革变迁 | 2 |
| 17 | 关注 2+26 城限排 | 2 |
| 18 | 南水北调与生物入侵 | 2 |
| 19 | 农村饮水安全现状与对策 | 2 |
| 20 | 洛杉矶雾霾治理启示 | 2 |
| 21 | 垃圾强制分类进展 | 2 |
| 22 | 关注常州外国语学校污染事件 | 2 |
| 23 | 雄安新区建设与环境保护 | 2 |
| 24 | 消失的村庄 | 2 |
| 25 | 土壤重金属污染的修复—以九牛岗为例 | 2 |
| 26 | 武汉 填湖之灾 | 2 |
| 27 | 说说地球一小时活动 | 2 |
| 28 | 民间著名环保人 | 2 |
| 29 | 从环保局长下河游泳说起 | 2 |
| 30 | 圈水造景 | 2 |
| 31 | 回顾 2017 中央环保督察 | 3 |
| 32 | 2018 春节禁放烟花爆竹调查 | 3 |
| 33 | 大坝建设利与弊 | 3 |
| 34 | 山东地下水污染事件追踪 | 3 |
| 35 | 城市风廊 | 3 |
| 36 | 解读中国拒收洋垃圾 | 3 |
| 37 | 说说可燃冰 | 3 |
| 38 | 城市病及其防治 | 3 |
| 39 | 探访各地“鬼城” | 3 |
| 40 | 摩天大楼与烂尾工程 | 3 |
| 41 | 养猪业与环保 | 3 |
| 42 | 善待农药 | 3 |
| 43 | 养老之困 | 3 |
| 44 | 大学科技园水系调查 | 3 |
| 45 | 带你认识新的生态环境部 | 4 |
| 46 | 2017 自然灾害大事件 | 4 |
| 47 | 变高变亮的城市及其生态影响 | 4 |
| 48 | 海绵城市建设—以济南为例 | 4 |
| 49 | 烟囱里的各色烟，冒的是什么 | 4 |
| 50 | 尴尬的限塑令 | 4 |
| 51 | 从科学发展的模范到负面典型—鄂尔多斯 | 4 |
| 52 | 从山东 10.21 案件看危险废物处理 | 4 |
| 53 | 关注矿山固体废弃物 | 4 |
| 54 | 水十条解读 | 4 |
| 55 | 海洋运输事故对海洋环境的影响 | 4 |
| 56 | 无处不在的垃圾（深海、高山、太空等） | 4 |
| 57 | 黑色 GDP—沉重的“铅” | 4 |
| 58 | 沸腾的海洋—飓风台风 | 4 |

图 4-6　小主题讲座参考题目

## (四) 以网络陪伴传道授业解惑

借助于网络工具，教师可以随时陪伴学生，起到传道、授业、解惑的作用。

通过课程网站(生态工大)发布教学内容，学生提交作业，教师在线批阅作业。这是一个完全开放的平台，所有人的操作都通过互联网可见，大家可以互相借鉴，还可以留言交流，好的作业被表扬，一旦作业质量差或者有抄袭现象，被老师点名批评，就会在网络上留下痕迹。好的表现会对个人有正面影响，坏的表现会对学生有负面影响，所以学生也很自觉，抄袭作业的现象极少，这实际上也是征信教育。

利用微信公众号，主动推送课程信息，同时展示优秀作业，借助“问卷星”设置问卷征求意见，利用“考试酷”组织线上环保知识测试，这些能够引导学生及时反馈学习收获情况，帮助老师调整教学的内容及方法手段。

QQ 群是教师陪伴学生的重要途径，师生间可以随时进行群体沟通，解疑释惑，同时将教师的要求通过公告或其他形式明确告知，引导学生积极参与课程，诚信学习，主动思考，对学生产生潜移默化的影响。教师还可以随时“开小窗”与学生进行个别交流，让沟通更有针对性。

## 四、教学效果

经过多年来的实践探索，围绕环境保护与可持续发展课程已经建立起来的开放式教学模式，将课程的作用由单纯的知识传输转向全方位的能力和素质培养，将学生学习课程与个人的全面发展结合起来，还学习的自主权于学生。使学生对大学学习的认识有了积极的变化，通过参与课程学习，拓展了视野，培养了学生的思考能力、沟通能力、判断能力和辨别能力，综合素质得到全面提高(见图4-7，图中百分比为学生认为本课程对于自己某方面有提升的认可度)。

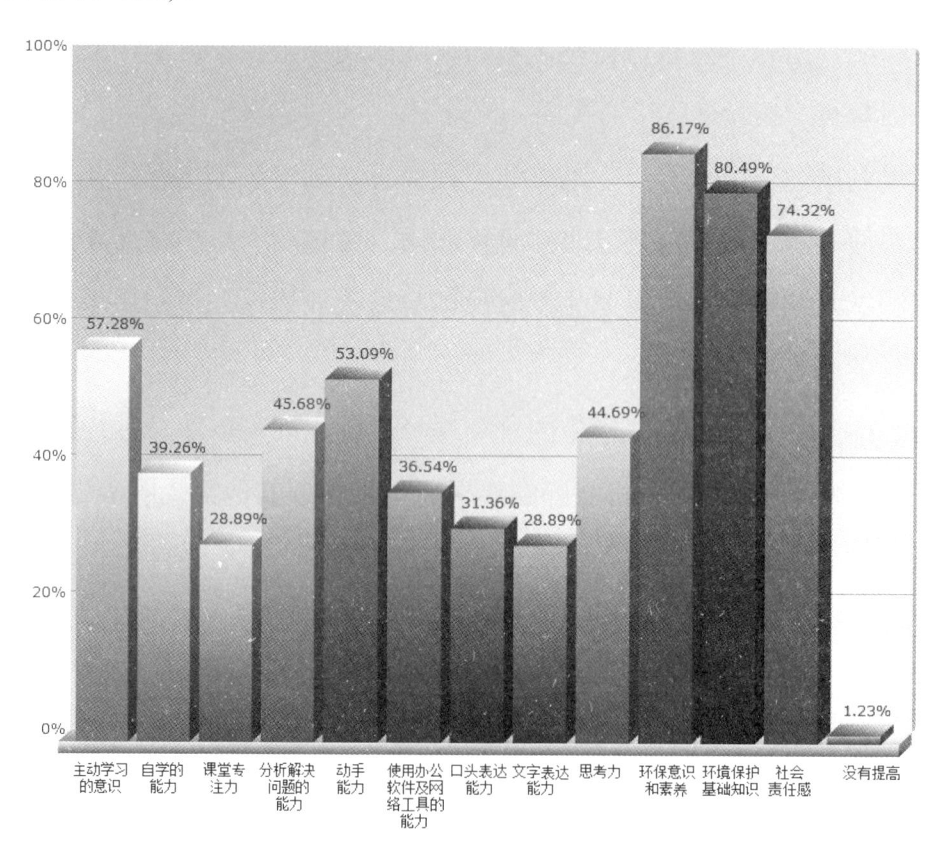


图 4-7　关于本课程对学生能力素质提升方面的评价

根据结课后在学生中进行的问卷调查，70%以上的学生认为自己的环保意识和素养、环境保护基础知识、社会责任感有所提高。超过 50%的学生在主动学习意识和动手能力方面有所提高。

金杯银杯不如学生的口碑，在此分享 2017 年上半年王琳琳同学的作业，从学生的角度看待课程，更具有说服力。

## 最好的礼物

1711086　王琳琳

2017-05-15

这是我送给妈妈的母亲节礼物：一个精巧典雅的礼盒，里面是两条竹纤维毛巾。

妈妈说，这是她收到的最珍贵的礼物。

在送给妈妈之前，这是我成长中收到的最珍贵的礼物。

在送给我之前，这是老师们所收到的最珍贵的礼物。

这份礼物是老师为我们环境保护与可持续发展通选课上被评为中期优秀学员的同学发放的纪念品。这些纪念品，有的是老师参加运动会接力赛的奖品，有的是老师自己参加各种活动的纪念品。他们没有送给自己的家人，没有送给自己的孩子，没有留给自己，而是送给了我们。

其实，他们才是最该得到纪念品，最该得到礼物的人。因为他们是最好的老师，他们开设了一门最好的课程——环境保护与可持续发展。

这是最富人文关怀的一门课程：从周一到周四，你可以任选一天上课，如果你有事，请假就OK，唯一的条件是补上笔记拍照上传，是不是充满浓浓的人情味？

这是最具热血挑战的一门课程：弹性分制让你对每次作业都充满期待，不合格修改—差—较差—一般—良好—好—很好—极好，让你像打怪兽升级般充满成就感；抄袭可耻的印章会让你脸红，认识到诚信的重要；极好精华的印章又会让你信心满满，激情满怀。

这是最重沟通交流的一门课程：公教楼阶梯 204、环保绿林军 QQ 群、生态工大公众号、生态工大网站，线上线下你随时都可以和导师同学互动交流，展开辩论，畅谈未来。

这是最富实践创意的一门课程：亮桌行动、绿色宿舍，让我们懂得环保应从自身做起，从小事做起；栽植麦冬、扦插扶芳藤、划船植睡莲，让我们去亲近泥土，亲近自然，用自己的双手去播撒一片绿意，用滴落的汗水去浇灌一片绿意，让校园里留下我们青春的印记。

这是最具浪漫情怀的一门课程：胜日寻芳、夏日果秀、校园寻找幸运树，让我们去认识周围的花草树木，去发现校园的美、生活的美，让我们认识到一草一木皆生命，春花秋月无限情。

挑选礼物时，亲爱的老师，您在耳边轻轻提醒我选择另一份奖品时，我在想：我配得上那份礼物吗？何况，我已经得到了最好的。是的，在通选课上，我们每天都收获着珍贵的礼物——

我们收获爱和感动：通选课上有四位老师轮流为我们上课，幽默激情的姜洪雷老师，严谨仁爱的张旋老师，热情耐心的孙立芹老师，亲切温和的李肖玲老师，他们把全身心都奉献给了这门课程。忘不了他们每一次精心的备课，忘不了他们深夜里的批改，忘不了他们周日忙碌的身影……对他们没有最爱，只有更爱。亲爱的老师，辛苦了！

我们收获责任：中水站之旅，让我们思考对水资源的态度，让我们认识到应珍惜每一滴水，如同珍惜我们的生命；村居调查和家乡水的调查，让我们重新去认识村庄，把建设生态宜居的美丽家园作为自己的一份使命。

我们收获梦想：西部骑行，带上环保去旅行，周末影院，读环保书、做环保人，让我们把自己的足迹从教室校园延伸到校外、延伸到祖国的每一寸土地，让我们把狭窄的视野投向无限寰宇，让我们把有限的时光投入无限的阅读，让我们认识到，生活，除了眼前的苟且，还有诗和远方……

站在领奖台上，当我和其他同学一起牵起环保绿林军旗帜的一角，我知道我和近千名选择了环境保护与可持续发展通选课的同学有一个共同的名字——环保绿林军；当我亲手捧起环保绿林军的旗帜，我的心中也有一片神圣的绿色。

我知道，这面旗帜，曾在学长们头顶飘过，现在传承到了我们手中，将来还会传递到 172 师，181 师，191 师……这片绿色，会在齐鲁工业大学，在齐鲁大地，在中华大地播下绿色的思想与希望。

我们终会与这门课程离别，但因为心中有了这片绿色，以后无论去往哪里，都是绿意葱茏，碧空万里。

亲爱的老师，当我从您的手中接过这份礼物，我知道，这不仅仅是一份礼物，这是爱心与责任的传递，是梦想与使命的传承。

时光的藤蔓攀爬着光阴，我们一天天在成长。亲爱的老师——环保四剑客们，和你们的每一次相遇，都是我生命里不可复制的经历。

谢谢你们，亲爱的老师！遇见你们，梦想有了飞翔的翅膀；遇见你们，是我生命中最好的礼物！

# 水污染控制工程

## 一、课程基本情况

“水污染控制工程”是环境工程专业的一门专业必修课，4.5学分，共80学时，包括64学时理论教学和16学时实验，授课对象是环境工程专业大三学生，在第六学期开设。

理论教学内容包括污水处理的基本知识，污水的物理处理、生物处理、化学和物理化学处理，污泥的处理和处置，城市污水的回用，工业废水处理，污水处理厂的设计等内容。实验内容包括废水可生化性、气浮、混凝、活性炭吸附和污泥性质测定五个实验。

课程的教学目标分为知识目标、能力目标、情感和思政目标。知识目标是掌握水污染控制工程的基本理论和方法，能够利用水污染控制的基本原理，分析污(废)水处理过程、污泥处理与处置过程中存在的问题；能力目标是根据污水、污泥的特点，选择正确的处理处置工艺，培养初步的工程设计及运行管理能力，具备解决水环境复杂工程问题的能力。情感和思政目标是培养学生保护环境的社会责任感，科学规范的职业道德，严谨认真的科学态度，开拓进取的创新意识。

## 二、德融教学设计及内容

我们对课程内容体系和各个教学环节进行了深入的分析和优化设计，努力寻找和培育学生知识、素质、能力的增长点，将学生综合素质培养渗透到课程教学过程的各个环节，使专业课教学由知识传授转向知识、能力和价值观引领的“三位一体”，努力做到课程育人。本课程主要从三个方面进行德融教学设计：从教学内容中挖掘德融教学点；在教学过程中强化学生的诚信、应遵守的规矩；通过考核过程加强德融教学效果进行德融教学设计。

### （一）对教学内容进行深入分析

将全部教学内容划分为基础知识、专业知识点和综合运用三个层次，针对不同层次的教学内容采取不同的教学方法，进行不同的德融教学设计。

基础知识为污水水质和污染物在水体中的扩散、生物处理的基本概念和动力学基础。这部分采用课前布置任务，学生线上预习，课堂上以学生讲解为主，教师总结为辅，检查知识的掌握情况。可通过介绍我国的水资源短缺和水环境污染状况，培养学生保护环境的社会责任感；同时强调万丈高楼平地起，打好基础对后续学习过程的重要作用，提示学生从实际出发，不要眼高手低，忽视基础知识的掌握。

专业知识点层次包括各种污水处理方法及构筑物的设计计算，污泥的处理与处置。这部分内容通过课件推送，学生课前预习，掌握污水处理方法的原理及处理构筑物构造等知识，通过线上测试检查学习效果并进行反馈，通过完成构筑物设计作业培养学生的工程设计能力,同时培养其科学规范的职业道德和严谨认真的科学态度。

知识的综合运用部分主要培养学生的工艺选择、工程运行和调试能力。学生通过小组协作完成项目式作业，培养学生积极进取和全面考虑问题的科学态度，以及精益求精、追求完美的创新精神，项目式作业是通过小组成员共同完成的，以此来培养分工协作的团队精神。

## (二) 采用引入教学方式进行德融教育

在课程教学过程中,通过以下三方面将德育内容引入教学过程:第一，将明确老师和学生的权利和责任，上好第一次课；第二，在教学过程中全过程陪伴学生，注重教师自身的示范作用；第三，要求学生保持诚信，在教学过程中达到“润物细无声”的效果，使学生在不知不觉中培养积极向上的品德、人生观、价值观。

1. 上好第一堂课

针对学生群体中普遍存在的一些不良问题，强调学生的行为规范，在第一堂课就对老师、对学生提出明确的要求。对老师的要求是认真备课，按时上课，不在上课时间从事与课程无关的事，认真批改作业。对学生的要求是按时到课，认真听讲，不在课上从事与课程学习无关的事，作业不得抄袭，保证诚信；告诉学生若对讲授内容有疑问可随时提问，说明学生的权利和责任。

2. 教师以身作则，与学生相互尊重

教师和学生之间相互尊重，认同各自的社会身份所背负的责任；同时在整个教学过程中进行一对一、一对多的交互式互动交流，教师全程陪伴学生，通过教师自身的自信、乐观、积极的态度给学生正面的示范力量。另外，明确学生不能抄袭，在学习、测试过程中保持诚信。当然，如果发现抄袭现象，教师首先要积极跟学生沟通，实行“劝说+警告”的对策，杜绝抄袭现象的再次发生。当然教师也要采取措施，尽量避免抄袭现象的发生，如在随堂测试过程中一般进行题库随机组题，每人的题目及次序都会有所不同，避免学生相互抄袭。

3. 注重过程性考核

在考核时将平时的过程性评价与期末的总结性评价有机结合，重视对平时学习过程的监管，避免“一考定终身”。除期末考试外，课程还增加了网络学习进度及效果，网络在线测试、设计作业完成情况，项目式作业互评等多种评价方式和评价内容。此外，评价主体也不仅限于授课教师，在项目式作业中引入学生互评，一方面学生可以及时了解其他组方案的长处，取长补短；在评价过程中，引导学生公平公正地评价他人方案，使学生有“当家做主”的感觉。在考核过程中，及时公布各种考核结果，既突出了“一分耕耘、一分收获”的理念，又能通过评价效果的及时反馈有效地指导和促进教学，有利于老师在教学过程中不断调整教学设计，学生在课程学习过程中不断发现自身不足，进行持续改进。

## 三、教学方法及手段

德融教学要做到“润物细无声”，在教学过程中进行合理的教学设计，还要选择合适的教学方法和手段，实现德融教学目标。本课程主要采取以下方法和手段实现德融教学目标。

### （一）项目驱动法

如在工业废水处理部分，布置一个项目式作业：要求学生针对化工园区废水的水质水量特点，选择处理工艺。首先，安排学生查阅资料，分组讨论，各组拟订出一个工艺方案，并进行组间互评，各组修改，老师点评，给出成绩。其次，由于化工园区的废水水质十分复杂，需要学生查阅资料，明确各种污染物的性质及其处理方式，然后将各种处理方式组合起来，形成一个技术可靠、经济可行的处理工艺，这个过程需要学生团结合作、组间互评。最后，形成的工艺方案可能会有几种，老师通过点评分析每种方案的优缺点，提出改进措施，在方案的修改完成过程中，也培养学生精益求精，开拓进取的创新精神。

## （二）案例教学法

通过身边的实例，可使抽象知识具体化。例如，在讲曝气方式时，引用济南西区污水处理厂的例子：其一期工程采氧化沟进行生物处理，用机械曝气方法但对水流推动效果不好；二期工程采用 $A^2/O$ 工艺，选择了鼓风曝气，曝气效果良好；2018年持续改进，改用悬挂式曝气，有效地防止了曝气设备的堵塞。这个教学案例使学生不仅充分认识了各种曝气方式的优缺点，还可以引导学生用发展的眼光看待问题，根据存在的问题及时采取措施。

## （三）问题引导法

通过提问的方式，可以引发学生思考，引导他们更深入地了解相关知识。例如，在介绍活性污泥法的发展和演变时，首先引导学生分析传统活性污泥法存在的缺点，提出“针对传统活性污泥法存在的缺点，如何改进？”这个问题，引导学生思考如何改进的对策。然后介绍活性污泥的 14 种改变形式，并由学生分析每种变形所做的改进，再分析每一种变形的优点和缺点，同时引导学生认识到在选择处理工艺时，需要综合考虑，取长补短，根据实际情况选择合适的处理方法。延伸到实际生活中，我们每个人也都有自己的优缺点，要取人之长补己之短，才能改进和提高。最后指出这 14 种变形也是不断发展变化的，课后布置作业，要求学生查阅了解某些最新的变形(如 SBR、氧化沟等)，引导学生用发展的观点来看待和解决问题，当出现新问题的时候，要积极寻找新的解决办法。

### (四) 历史事件导入法

由历史事件，如活性污泥法的起源导入活性污泥法这部分的学习，这样既引发了学生的兴趣，又可以通过活性污泥法的发现和实现工业化的过程，引导学生培养勤于思考、永不放弃的探索精神，在学习和工作过程中不放过发现的问题，对问题进行积极的思考，提示学生一次不经意的发现可能会改变历史。

我们在整个教学过程中努力培养学生实事求是的科学素质，与他人的协调合作，全面分析问题的科学能力，积极进取、探索真理的科学态度，将德育教育融入水污染控制工程的教学过程中，做到不牵强、不生硬。

## 四、教学效果

通过课程中的德融教学，培养了学生主动学习的良好学习习惯，训练了学生观察问题的能力、思辨能力、语言表达能力，引导学生通过深入的思考，提高自身环保意识和社会责任感，将课程教学和德融教学目标紧密联系起来，使学生带着强烈的目标意识去学习，从而调动了其学习的积极性和主动性，提高了综合素质，取得了较好的教学效果。95%以上的学生认为通过水污染控制工程的教学培养了他们保护环境的责任感，超过85%的学生认为本课程对培养其科学规范的职业道德和严谨认真的科学态度有很大的帮助。

另外，在诚信方面，减少了学生抄袭作业的现象。这说明经过教师的引导和要求，使更多的同学习惯于独立完成作业，认为抄袭作业可耻。

# 电 路 原 理

## 一、课程基本情况

“电路原理”是电气类、电子信息类、自动化类等专业的第一门专业基础必修课，为后续专业课程提供必要的理论和实践支撑，起着重要的基石作用。该课程一般开设在大一下学期即大学第二学期，共 80 学时，其中理论学习 64 学时，课外实践 16 学时。课程涵盖理论知识点较多，课程容量大，又有一定的实验环节，为了便于学生系统性掌握课程内容，通常将教学内容进行模块化总结，教学内容组织框架如图 6-1 所示。

电类工科专业学生的培养目标是综合素质高、创新精神佳、实践能力强的宽口径复合型工程技术人才。以学习成果为导向，通过课程学习，学生应达成如下目标。

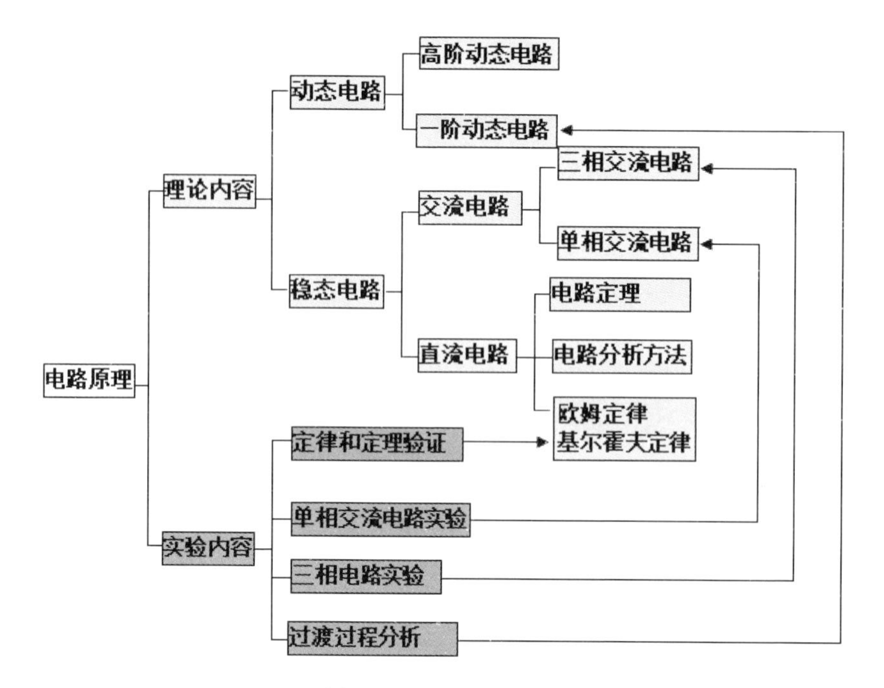


图 6-1 教学内容组织框架

## （一）知识目标

掌握电路基本概念、定律和定理，能够应用电路分析方法，进行直流、交流稳态电路及动态电路的分析，为后续课程储备电路理论知识。

## （二）能力目标

熟练应用仪器仪表进行实验操作，能够独立分析和解决实际电路中的问题，培养严谨认真的科学作风、解决复杂问题的实践能力。

### (三) 素质目标

混合式教学培养学生的自主学习能力、诚信的学习态度、积极的创新意识，树立正确的人生观、价值观和世界观。

为达成学生的学习目标，在本课程的教学过程中，主讲教师不仅要重视理论知识的传授，实践能力的提升，更要重视学生综合素质的提高。因此，我们对该课程进行了德融教学探索和实践，我们认为一门专业课程的德融教学不是增开一门课，也不是增加一个活动，其实质上是一种课程观，是将高校思想政治教育融入课程教学和改革的各个环节，实现立德树人且润物无声。

## 二、德融教学设计及内容

本课程的德融教学沿三条主线进行设计：一是理论教学实现知识目标，融入与教学知识点相关的德育观点；二是实践教学实现能力目标，结合实验提高操作能力和科学分析能力；三是教学过程实现素质目标，教学过程中教师以严谨的工作态度在潜移默化中培养学生认真负责的品格，以提高其综合素质。

教师依据这三条主线，深度挖掘课程本身所蕴含的思想政治元素，与课程的理论和实践教学进行有机融合。电路原理的课程内容与德融教学切入点，如表 6-1 所示。

表 6-1 课程内容与德融教学切入点

<table>
<tr><th>设计主线</th><th>课程知识点</th><th>德融切入点</th><th>预期效果</th></tr>
<tr><td rowspan="4">理论教学</td><td>电路定理定律</td><td>名人力量(基尔霍夫、欧拉等)</td><td>树立科学世界观、科技强国梦</td></tr>
<tr><td rowspan="2">交流电路学习</td><td>中国电力发展史、特高压直流输电</td><td>培养民族自豪感、中国“电力”精神</td></tr>
<tr><td>串联谐振电路分析</td><td>培养辩证思维模式</td></tr>
<tr><td>暂态电路学习</td><td>对偶原理在储能元件中关系式的应用</td><td>利用文学对称之美，记忆电学对偶公式</td></tr>
<tr><td rowspan="3">实践教学</td><td>日关灯电路实验</td><td>电路中启辉器的替代电路——开关</td><td>培养科学分析及创新能力</td></tr>
<tr><td>互感电路实验</td><td>同相串联和反相串联等效电感的差异</td><td>培养团结协作意识</td></tr>
<tr><td>三相电路实验</td><td>不对称电路的分析</td><td>掌握安全用电知识，遵守职业规范</td></tr>
<tr><td rowspan="2">教学过程</td><td>线上自学及辅导</td><td>线上视频的学习和自测；讨论区的问题回复</td><td>培养自学能力，诚信意识；激发创新意识</td></tr>
<tr><td>课堂教学及交流</td><td>教师严谨的工作态度、对学生的关心爱护、教师自身正能量的潜移默化</td><td>树立榜样意识，培养学生积极主动的学习态度，积极乐观的生活态度</td></tr>
</table>

从表 6-1 中可以看出，三条主线均有课程思政内容的有机融入，但表中只列出电路原理所蕴含的部分德融知识点，还有些随机出现在教学过程中的思政内容并未列出。另外，随着电力行业和电路理论的发展，还需要进一步深度挖掘其他的德育元素。

# 三、教学方法及手段

## (一) 教学方法

本课程内容较多，学时有限，在有限的课堂教学中难以进行有效的课程德融教学，因此进行教学方法改革是必要的。在多年的教学探索和实践中，我们总结出线上线下混合式教学模式不仅是一种效果好的教学方法，更是实现专业课程德融教学的有效载体。因此，我们对教学过程中的线上、线下教学进行重新设计，进行有效线下课程交流的探索，同时线上、线下课程均融入相关的德育元素，进行高质量课程德融教学改革。线下课程的教学设计模式如图 6-2 所示。

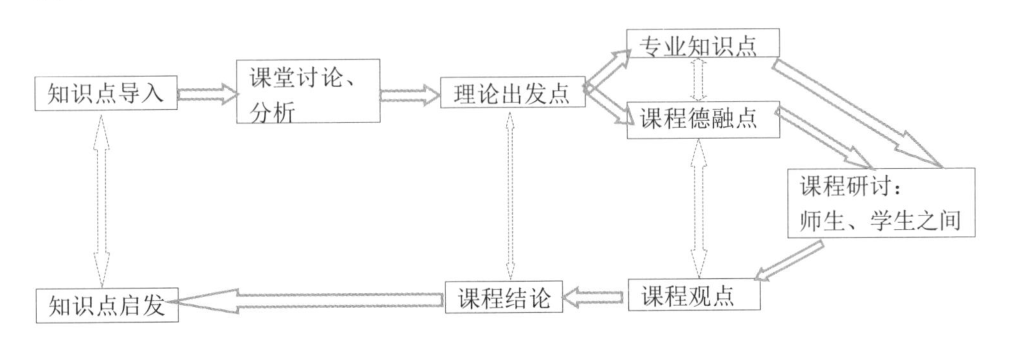


图 6-2 线下课程教学设计模式

混合式教学本身就是德融教学的一种表现形式，线上的自主学习可以提高学生的自学能力及自我约束能力，线下的汇报、讨论、交流等多种形式可以提高学生的学习兴趣，培养学生的协同合作能力等。

## （二）教学手段

我们根据线下教学过程中德融教学内容的具体实现，采用问题讨论、随机渗透、专题测试和实验验证等形式，每种形式在具体应用时都各有不同。

### 1. 问题讨论

问题讨论一般应用于课堂教学的开始或者结束前，时间约 10 分钟左右。比如在讲基尔霍夫定律之前，可以抛出问题：电路理论是从何时起源？有什么样的发展历程？发展历程中最为重要的理论突破是什么？给学生思考或查阅的时间，并让学生发言讨论，最后教师总结出基尔霍夫对电路理论发展的贡献，并引出基尔霍夫定律。在这个过程中，让学生简单了解电路理论的发展，并且通过基尔霍夫的名人力量帮助学生树立正确的科学世界观。比如讲完交流电路中功率因数提高之后，让学生先总结“如何提高功率因数”，以及“提高功率因数的意义”等问题，并进行回答、讨论。讨论的结果由教师总结，引出提高功率因数蕴含的思政点：节能、环保，并且通过“如何提高功率因数”这个问题引导学生进行发散性、创新性思考，培养学生的创新意识。

### 2. 随机渗透

随机渗透可以在课堂教学中随时展开，这个过程需要 1～5 分钟不等。比如在讲到互感电路中两个电感相互作用时，有相互增强也有相互削弱的作用，以此让学生意识到同学之间良性的相互帮助是很重要的。比如讲到谐振电路时，在电力系统中要避免串联谐振，而在电子技术的诸多接收电路中又要应用串联谐振，可以通过这个知识点教会学生辩证地看问题，对待不同的人生环境，学会缓解压力，保持积极乐观的精神状态。当然，随机渗透这种方式也可以将教师对教学的严谨认真态度、对学生的严格要求和关心爱护、对生活的积极乐观精神通过课堂交流潜移默化地传递给学生，达到润物无声的育人效果。

### 3. 专题测试

专题测试一般是用在模块化内容结束之后的阶段测试中，一般需要一节课(45 分钟)的时间。比如在直流电流分析之后、一阶动态电路分析之后和单相正弦稳态电路分析之后都可以进行阶段性测试，这种测试是随堂的，开卷但不允许讨论；测试结束后，同学之间互换试卷，由教师讲解答案，同学之间互相批阅，如实记录并打分；随后再互换回试卷，同时双方还要互相指明对方试卷中的错误，并解释。整个测试过程考查学生即学即用的学习分析能力、作答并阅卷的诚信素质，而最后的互相讲解又考查了学生听课的态度及语言组织和表达能力。整个测试过程是对教师的组织能力和学生综合能力的有效考查和提升。

### 4. 实验验证

实验验证主要通过实验课来进行。电路原理实验多为验证性实验，需要两人一组，学生独立操作完成。通过实验操作过程，锻炼学生的动手能力，同时培养学生的团结协作意识，也培养学生的创新意识。比如在日光灯电路实验时，点亮日光灯需要启辉器的启动，教师故意把实验台上所有启辉器撤掉，通过日光灯启动原理，引导学生找出其他替代方式。实验结束后的实验数据分析更为重要，理论分析和实验测得的数据总是有一定的误差，教师引导学生分析实验误差的原因，并以此告诉学生，实验和理论犹如现实和理想，总有差距，想让现实与理想更接近，只有付出足够的努力才能拥有相应的收获。

## 四、教学效果

本课程自实施德融教学实践以来，已经获批学校首届“德融教学好教案、好课堂”荣誉称号，主讲教师也获得“德融好教师”的荣誉称号。在进行线上线下混合式教学以来，本课程教学得到学校及学院教学督导组的高度评价，多次为青年教师讲授观摩课。

德融教学实施以来，学生到课率高，课堂抬头率高，学习积极性高，越来越多的学生开始接受并喜欢上这种教学模式，不少学生还关注课程的建设和发展，提出好的建议。德融教学及线上线下教学模式结合以来，教学效果收获显著：

(1) 2018/2019学年第二学期相比于2017/2018学年第二学期，电气专业该课程的不及格率降低了15.32%，优秀率则提高了2.05%。

(2) 学生的实践能力增强，创新意识提高。课程教学团队教师指导学生已申报大学生创新创业项目 6 项，在学科专业竞赛中获国家级奖项 2 项，省级奖项 7 项。

(3) 专业课程德融教学效果明显，中国教育新闻网专门报道了课程负责人遥控指导学生独立完成的一堂课，体现了学生自主学习和团队协作能力的增强。

# 高频电子线路

## 一、课程基本情况

“高频电子线路”是面向电子信息工程和通信工程专业开设的一门专业基础必修课，大三上学期开设，课程共 72 学时，其中理论课 60 学时，实验课 12 学时。

本课程主要讲授通信系统特别是无线通信系统的发射机和接收机的基本组成，及其内部各个模块电路的功能、结构、工作原理和分析、设计方法。课程的教学目标是使学生掌握高频电子线路的工作原理和实现方法，了解线性和非线性电子线路的分析方法。

在能力方面，主要培养学生的高频电路设计开发和组装调试等实践技能。素质方面，旨在培养学生勇于探索、团结协作、崇尚科学的精神，培养学生的爱国理念，帮助学生树立正确的人生观和价值观。

## 二、德融教学设计及内容

德融教学的一个关键问题是如何根据课程特点挖掘与提炼课程内容蕴含的德育元素，本课程主要从三个方面进行考虑：

第一，课程主要介绍高频电子线路，历史上曾有多位科学家在该领域做出过突出的贡献，他们的科学研究精神非常值得学生去学习。因此，在介绍课程内容时，引出相关科学家的故事，激发学生勇于探索、不怕失败的科学作风，以及团结协作、共同进步的合作理念。

第二，课程涉及的理论、原理和自然界的科学规律紧密相连，因此在介绍课程理论时，适当拓展与延伸，利用科学原理解释自然界中的一些奇妙现象，倡导崇尚科学、反对封建迷信的精神。

第三，在介绍电子电路时，通常要讲到相关技术的国内外发展现状，此时可以突出国内在该领域的技术进步，增强学生对我国科技发展的自信心和责任感，培养学生的爱国理念。本课程的德融教学设计及内容如表 7-1 所示。

表 7-1　德融教学设计及内容

| 章节 | 知识点 | 思政元素 | 实现形式 |
|---|---|---|---|
| 第 1 章 1.1 节 | 课程概况 | 勇于探索：兴趣是学好知识的重要动力和源泉，而勇于探索、不怕失败是获得成功的必要条件 | 科学家励志故事："无线电之父"马可尼，少年时没有受过正规教育，但凭借对无线通信的极大兴趣和刻苦钻研的科学精神，为无线通信做出了开创性贡献 |
| 第 2 章 2.1 节 | 高频电子线路元器件 | 团结协作：单个电子元器件的作用有限，只有和其他元器件组合才能实现复杂的功能。其实人类的学习和研究也一样，只有注重团结协作的精神，才能充分发挥自己的聪明才智，做出更大的贡献 | 科学家的学习研究方法：美国物理学家巴丁，因晶体管效应和超导两次获得诺贝尔物理学奖。巴丁是一个合作型科学家，他的两次获奖都是通过与其他科学家合作而取得的 |
| 第 2 章 2.2 节 | 谐振回路 | 崇尚科学：回路谐振时，电压最大或电流最大，自然界中也有谐振现象。自然界中任何现象都有它的科学解释，要崇尚科学，不要盲目迷信 | 自然现象科学原理：三国时魏国自鸣钟的故事；士兵过桥导致法国昂热市一座大桥坍塌的故事等 |
| 第 4 章 4.5 节 | 石英晶体振荡器 | 民族自信：国产电子产品发展迅速，时至今日中国已不是 20 世纪那个百废待兴，贫困落后的国家 | 国产晶振的发展现状：我国晶振行业确实和美国、日本有差距，但国产晶振在全球晶振行业占据相当的分量，广泛应用于手机、无人机、机器人等高端智能领域 |

(续表)

| 章节 | 知识点 | 思政元素 | 实现形式 |
|---|---|---|---|
| 第6章<br>6.1.2节 | 振幅调制电路 | 爱国精神：海外华人归国创业，为技术发展做贡献，旨在培养学生的爱国主义精神 | 国产射频芯片进展：IBM公司研发中心工程师回到祖国，在上海创立了爱斯泰克高频通讯技术公司，带领团队在射频收发系统集成电路芯片设计开发方面获得重大进展，将有望推动我国5G业务的布局 |

# 三、教学方法及手段

如何采用适当的教学方法和手段将德育元素有效地融入专业课的教学过程中，是德融教学的另外一个关键问题。根据高频电子线路课程的特点，平时教学过程中主要采用讲授法、翻转课堂及小组讨论法等教学方法，下面通过两个教学案例进行介绍。

## （一）讲授法的应用

通过讲授法将刻苦钻研、团结协作的科学精神融入课堂教学。讲授法是指教师在课堂上通过现场讲解直接传授知识的教学方法，也是目前大学课程教学中应用最广泛的教学方法之一。这种方法的优点是传授知识比较直观，便于学生理解和启发学生思维。课程中的一些德育元素具有潜在性，适合通过课堂讲授向学生展现。教师在讲解知识点时，可以对知识进行适当拓展和延伸，揭示专业知识背后蕴含的做人做事的道理。通过课堂讲授潜移默化的影响，久而久之，学生在听课的时候，即使教师没有点拨，自己也会习惯性地联想到知识背后蕴含的更深层次的德育内容。

专业课的内容通常与一些科学家紧密相关，他们在科学研究中表现出来的刻苦钻研、锲而不舍、团结协作的科学精神正是当下同学们急需学习的，而学生自己未必能深刻体会这些。因此在课堂讲授的过程中，教师可以有意识地引入科学家的励志故事熏陶学生，以培育优良的学风。本课程的第一节课在介绍课程概况及相关基础知识时，很多学生感觉课程难度大，对是否能够学好没有太大把握。为此，在课堂讲授过程中，教师通过“无线电之父”马可尼在科研工作中的励志故事增强学生学好课程的信心。在课程实验课上，讲述美国物理学家肖克莱的失败经历，作为反面教学实例，让学生了解团队协作的科学精神在学习和研究中的重要性。

## （二）翻转课堂的应用

通过翻转课堂的方法让学生主动探索专业知识背后蕴含的科学原理。翻转课堂将学习的决定权从教师转移给学生，教师不再占用课堂时间来讲授课程内容，而是将学习任务留给学生课下完成，学生可以自主安排时间，通过查阅资料学习课程内容。课堂是交流互动的场所，让学生对课下自主学习的内容进行探讨，以更深层次地理解所学内容。课程中有些德育内容和自然界以及现实生活密切相关，容易激发学生的求知欲望和兴趣。通过翻转课堂，将德育内容学习的主动权交给学生，由学生在课下观看视频、浏览网站完成，课上的时间主要用于交流探讨。这样可以打破课堂上时间和空间的限制，让学生能够深入地思考专业知识背后蕴含的科学原理和规律，并学会利用专业知识解释自然现象。

科学规律来自于人们对自然界的实践与研究，同样自然界各种现象背后都存在一定的科学原理。课堂上传授的专业知识是科学规律的具体体现，利用专业知识解释各种自然现象，能够激发同学们的求知欲望和崇尚科学的精神，抛弃封建迷信等唯心主义想法。在介绍谐振回路的谐振特性时，讲到并联谐振回路谐振时回路两端电压最大，串联谐振回路谐振时电路中流过的电流最大。告诉学生，自然界中也有谐振现象，让学生在课下自主学习，通过查阅资料搜集自然界中的谐振现象，并在下次课堂教学时交流讨论。

由于课下准备充分，课堂上同学们迅速融入交流讨论中，利用谐振原理很好地解释了自然界中的许多谐振现象，如三国时魏国自鸣钟的故事，士兵过桥导致法国昂热市一座大桥坍塌的故事等。通过翻转课堂的教学方法，不仅加深了学生对谐振原理的理解，而且让他们深刻认识到自然界中任何现象都有它的科学解释，只是还有许多科学规律没有被发现，需要人类不断地去思考、探索与发现。

## 四、教学效果

实行“德融课堂”教学后，学生的学习状态、教学效果都有明显的改善。

首先，学生学习的信心明显提升。通过课下和学生的交流，了解到大部分学生对学好本门课程都充满信心，少了往届学生学习过程中的畏难情绪，学习积极性明显提高。从课堂表现来看，学生的精神状态明显好转，玩手机的学生明显减少，学生参与课堂教学过程的积极性得到提高，师生互动的实施变得更加容易。

其次，科学作风更加严谨。和往届相比，作业抄袭的现象明显减少，实验报告撰写更加认真，实验步骤更加完善，实验结果更加科学、合理和充分。

再次，团队协作的精神更加突出。从学生的实验过程来看，需要分组合作的实验项目，同组内学生协作分工更加和谐，过去一部分人忙碌、一部分人清闲的状态大幅减少，大部分学生都积极地参与到实验项目中，从研究实验步骤、搭建电路到实验数据记录和实验结果的分析，都可以做到分工明确、协调有序。

最后，从学习效果方面看，学生的课堂测试成绩、课后作业成绩明显提高，实验完成率明显提高，学生的动手能力、独立思考能力也得到了提升。

# 过 程 控 制

## 一、课程基本情况

“过程控制”是高等学校自动化类专业核心课程之一，也是支撑我校自动化专业培养应用型高级工程技术人才的办学定位与人才培养目标的专业必修课程。课程开设在大学三年级下学期。在 2015 版培养方案中，共计 48 学时，其中 44 学时理论教学，4 学时实验教学；在 2017 版培养方案中，加强实践教学比例，在 48 学时中，理论教学 32 学时，实验教学 16 学时。

本课程坚持“立德树人”的根本，融入课程思政，使学生德才兼备，具备工业过程分析、检测仪表设计、执行仪表设计、控制仪表设计、典型过程控制系统设计的基本知识与解决复杂过程控制系统工程的应用能力，具备过程控制工程综合素养，能够利用学校轻化工自动化行业传统优势，在流程工业领域，从事过程控制系统分析、研究、设计、开发、测试、运维或管理工作，有能力成为项目负责人或在中大型自动化工程项目中承担重要任务的应用型高级工程技术人才。

## 二、德融教学设计及内容

课程贯彻工程教育认证三大理念，建设进阶式课程内容体系，形成“3321”课程体系，即“三大内容模块、三条思政线、两个德智双学分课程体系、一个学生中心根本点”，配备自编系列教材，形成进阶式螺旋知识体系结构，服务于我校自动化专业培养轻化工特色的应用型高级工程技术专业人才的定位。

### （一）三大内容模块

本课程内容涉及工业过程分析与建模、检测仪表工作原理与设计、执行仪表工作原理与设计、控制仪表工作原理与设计、典型过程控制系统与复杂过程控制系统设计等，所需知识基础多，知识结构复杂，知识理解难度大。因而，从学生学习与接受的角度出发，教学设计由简入难，循序渐进，形成仪表、自动化、控制系统三大内容模块结构，如图 8-1 所示。

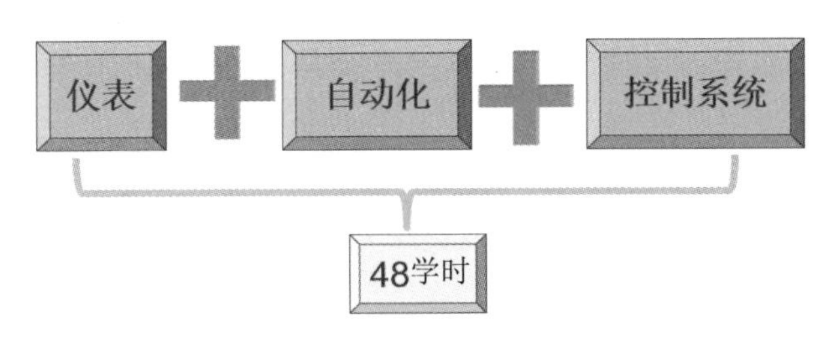


图 8-1　课程三大内容模块

其中，仪表内容模块以对象特性、检测仪表、执行仪表、控制仪表的认知与分析为基础；自动化模块以各型仪表的物理实现为基础，重点突出自动化理念，特别是控制器的核心设计；控制系统以仪表、自动化模块为先导完成技术综合与系统集成，并以典型过程、复杂过程为案例，实现技术综合应用。

同时，构建“3300”内容体系。即在三大模块框架下，丰富知识点结构，形成 300 个微知识点，将模块内容有机串联，实现课程内容有骨感又丰满。

## (二) 三条思政线

在课程培养目标定位的基础上，依托“3300”课程内容体系，形成贯穿课程教学始终的三条思政线：培养目标思政线、知识点思维导图思政线、项目集思政线。

### 1. 培养目标思政线

培养目标思政线以学生“学”为中心，坚持知识目标、能力目标、素质目标的培养责任，完成工业过程对象特性、仪表原理、控制原理、控制工程结构等基础知识的学习，具备仪器仪表设计、分析与开发的能力，建立了工程设计理念，成为一名合格乃至优秀的技术工程师，实现学生成才成人。课程培养目标思政线如图 8-2 所示。

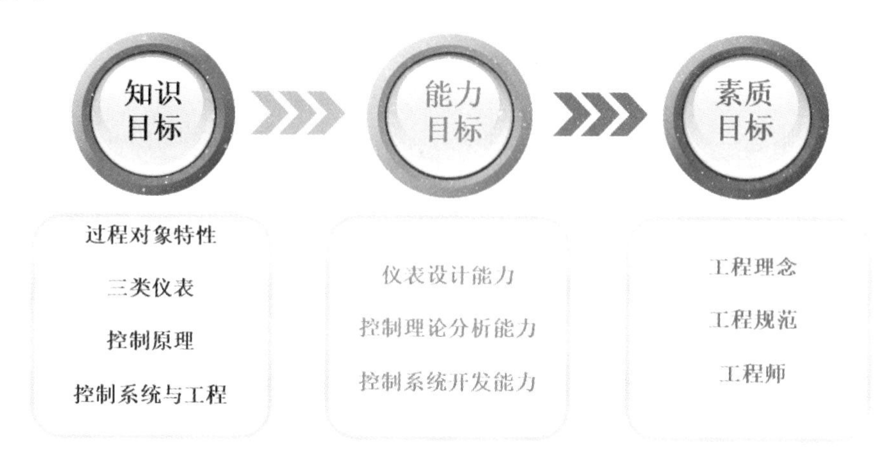


图 8-2　课程培养目标思政线

## 2. 知识点思维导图思政线

知识点思维导图思政线围绕具体知识点展开，通过有机融入德育元素，润物无声地培养学生的智育与德育。知识点思维导图思政线如图 8-3 所示。

例如，在理解控制规律 PID 的含义时，融入相互配合共同协作的思想，实现“取长补短，共存共荣”的德融体现。具体教学过程如下：

在自动控制仪表中，常用的几种基本控制规律为比例(P)、积分(I)、微分(D)，它们都有各自的优点，也有着自己明显的缺点。P 作用强，但会留下余差；I 可以消除余差，但动态反应慢；D 能够提前预控，但偏差变化小时其作用较弱。如果简单采用其中某种控制方式，系统的动静态特性将达不到所期望的特性值。因此，有必要采用三者的组合方式，相互配合，发挥各自的优势，完成最优调节。

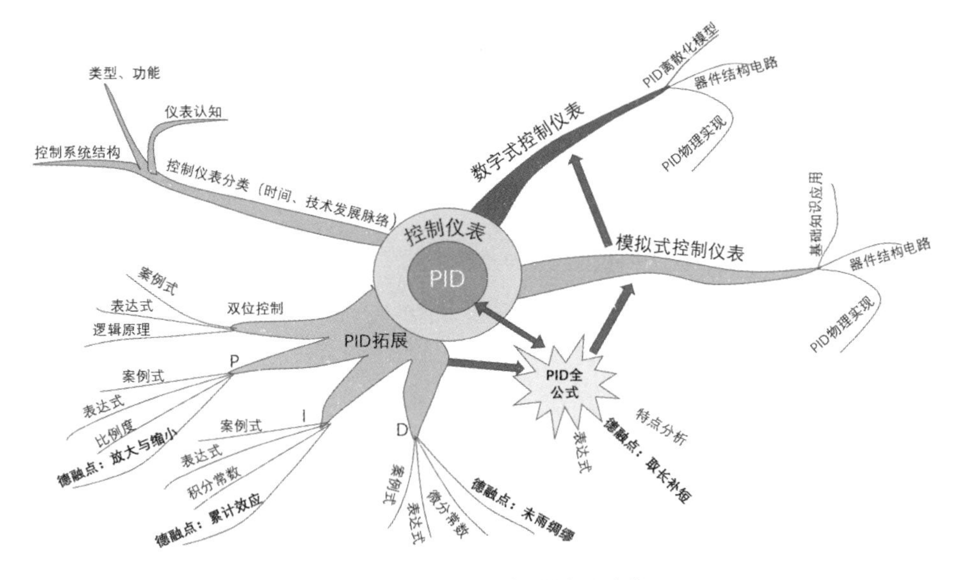


图 8-3　知识点思维导图思政线

《吕氏春秋·用众》中曾描述“物固莫不有长，莫不有短。人亦然。故善学者，假人之长以补其短。”说的正是取长补短的道理。我们每个人都有长处，也有自己的不足，在为人、处事、学习、生活上，学会和别人配合，优势互补，形成一个整体和团队，可能会获得更好的成果。

### 3. 项目集思政线

以知识点为元，进行内容的深度改造与升级，形成德融项目集。在每个章节中优选一两个核心知识点，每个知识点经过提炼后，以微项目的方式出现，按照提出问题、分析问题、解决问题、得出结论的思路实施知识点项目化，项目之间有机联系，德育点不重复、不做作、不牵强附会，覆盖学生素养的各个方面，从而为以学生为中心的人本理念提供支撑，实现“三全育人”成效。

## （三）两个德智双学分课程体系

在三大内容模块和三条思政线的支撑下，形成智育为主、德育为辅的专业课程思政体系。

### 1. 智育课程体系

在“3300”课程体系下，依据课程学时安排，可以有效实施课程进度计划，完成知识目标、能力目标的培养，并初步达成学生成为“工程师”的素质培养。

### 2. 德育课程体系

在“立德树人”的教学过程中，采用润物细无声的教学方式，在三条思政线的指导下，利用“3300”知识载体传播德育内容。也就是在以知识传授的“智力”教育中，融入“美德”元素，形成“德智双学分”课程体系。

德智双学分课程体系结构，如图 8-4 所示。

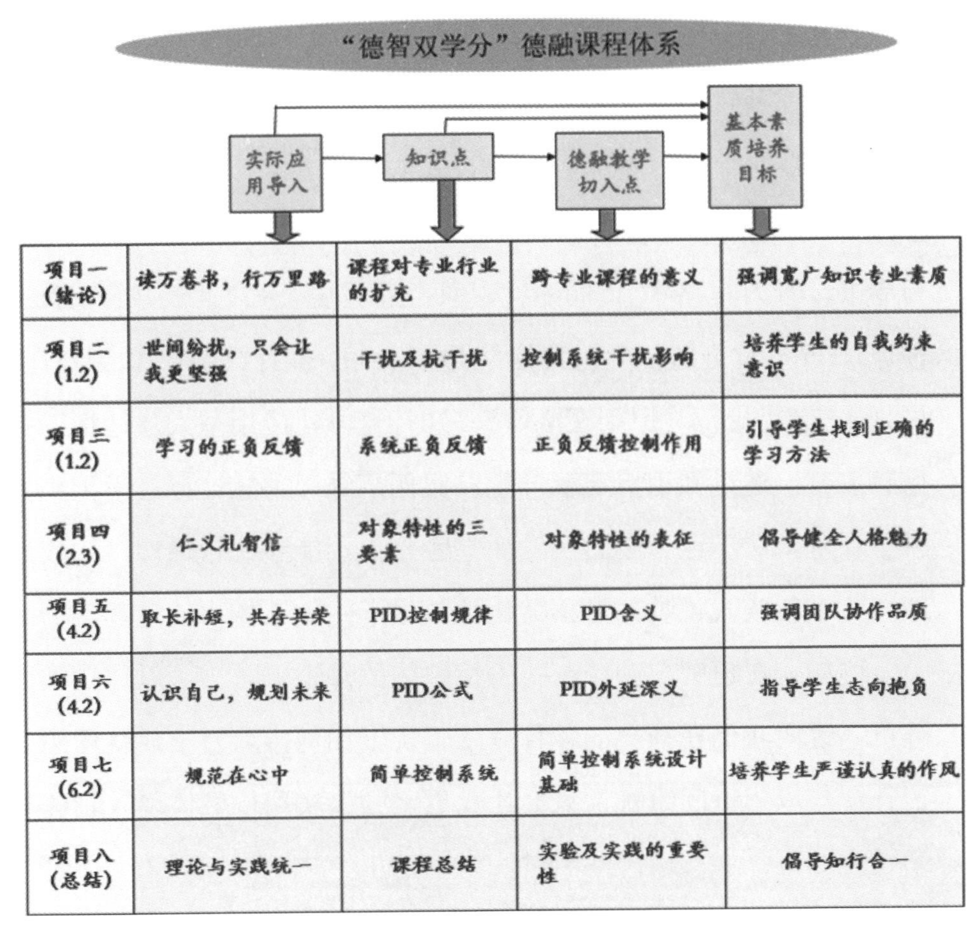


| 项目一（绪论） | 读万卷书，行万里路 | 课程对专业行业的扩充 | 跨专业课程的意义 | 强调宽广知识专业素质 |
|---|---|---|---|---|
| 项目二（1.2） | 世间纷扰，只会让我更坚强 | 干扰及抗干扰 | 控制系统干扰影响 | 培养学生的自我约束意识 |
| 项目三（1.2） | 学习的正负反馈 | 系统正负反馈 | 正负反馈控制作用 | 引导学生找到正确的学习方法 |
| 项目四（2.3） | 仁义礼智信 | 对象特性的三要素 | 对象特性的表征 | 倡导健全人格魅力 |
| 项目五（4.2） | 取长补短，共存共荣 | PID控制规律 | PID含义 | 强调团队协作品质 |
| 项目六（4.2） | 认识自己，规划未来 | PID公式 | PID外延深义 | 指导学生志向抱负 |
| 项目七（6.2） | 规范在心中 | 简单控制系统 | 简单控制系统设计基础 | 培养学生严谨认真的作风 |
| 项目八（总结） | 理论与实践统一 | 课程总结 | 实验及实践的重要性 | 倡导知行合一 |

图 8-4　德智双学分课程体系结构

## 三、教学方法及手段

### （一）以类比法、反比法引入德融课堂

在理论教学内容上，以专业知识为切入点，通过类比、反比等形式融入德育元素。

过程控制的教学方法主要从课程的意义、控制系统中干扰及自动控制抗干扰的意义、控制系统中正反馈负反馈、控制对象特性三要素、PID 控制规律配合、PID 公式的外延含义、控制系统设计流程法则、课程内容融会贯通、理论与实践统一等几个方面来阐释“读万卷书，行万里路”“世间纷扰，只会让我更坚强”“学习的正负反馈原理”“五常之道仁义礼智信”“取长补短，共存共荣”“认识自己，规划未来”“规范与原则在心中”“知行合一，应用型人才达标”等德育内容；通过知识点启示，配以案例演绎、古文诠释，于无声处融于课堂，对于课程中的德融课堂融入点，能够比较贴切，比较好地避免了教条式说教，潜移默化地教导学生做人做事的道理。

例如，在理解自动控制抗干扰性能的知识点时，可以通过类比分析，说明我们在社会的各种诱惑干扰下如何排除万难成就理想的德行观，以“世间纷扰，只会让我更坚强”实现德融体现。具体教学过程如下：

在一个化工生产过程中，如果只有常规的生产工艺，一旦遇到工业过程中随机的干扰源，则系统不稳，生产效率降低，甚至产品不合格。只有在一个可实现自动控制的闭环系统中，干扰才能够有效予以清除，保证了产品质量，系统实现了抗干扰的功能，并且还可以通过控制器的参数修正，使得抗干扰能力更强。

而对于我们每个人而言，外界事物，纷繁复杂，如何在我们当前的学生生涯中，安之若素，不为所动，是对我们每个人的品质修养的考验。每个人既是一个个体，也是一个体系，只要自己坚守良好的学习习惯，修心修性，为了一个一以贯之的小目标、大目标(穿插企业家艰辛创业的故事)，最终排除万难，学有所成。

将控制系统中的干扰比作我们身边的各种困难和艰辛，只要我们熬得住，禁得起摸爬滚打，自然就具备了应付各种困难的能力。同时，通过当前名人的奋斗故事，不仅能够很好地诠释风雨彩虹的含义，也能够很好地把学生的心留在课堂，将专业知识记得更清楚，理解得更透彻。

## (二) 以案例法、实践仿真法促进德育课堂

本门课程以培养学生的技术能力为目标，因此辅以案例式教学、实验演示教学法等多种模式，将专业知识与德育元素密切融合，相得益彰。

案例教学法相较于其他教学方法最突出的优势就是以专业知识案例为载体，以讨论为手段来进行教学，大量基于日常生活应用、工业应用的工程案例往往就取材于发生在大学生身边的事件，如手机智能系统、安防系统、供暖供水系统等。这些贴近学生生活的真实案例，简单易懂，最能激发起学生的学习兴趣，引起他们心理上、情感上的共鸣，易于被学生接受，极大提高了学生参与的积极性，活跃了整个德融课堂的氛围。

在实验演示教学过程中(见图 8-5)，可以更好地将案例式教学与德育发挥到极致。在基于实验教学的案例教学过程中，课前学生要做好充足的准备工作，搜集、查找资料，实验中通过对实验系统的

安装、接线、调试、数据分析、质疑等，将讨论、辩论、小组团结协作等方式融入其中，能让学生如临其境般获得真实的心理体验，变枯燥、乏味的理论内容为生动、丰富的专业实践，更好地理解德融课堂内容体系，从而加深学生对德育内容的感性认识。如在做温度式传感器检测与控制实验过程中，测微器安装得是否精细考验了学生认真仔细的态度，接线是否短路开路增加了学生对电在接错时危害的认知，以温度给定值与实际值差异引起的偏差加热控制引导学生自身修养的不断改进等，从而培养学生在专业实践学习中的良好品质。在情景案例教学中激发他们的兴趣，化苦学为乐学，化厌学为想学。

图 8-5　实验演示教学

因此，在高校德育教学中采用案例教学法，将贴近学生生活的工程案例素材、实验实践素材与德育内容中的理论知识相结合，让高校德育走近学生，让高校专业课堂充满生活气息，改变传统课堂上枯燥、乏味、纯理论的教学模式，从根本上提升了高校德育教学的魅力。

在当前追求现实的社会风气中，有必要树立一种“中国梦”式的正确的德育新风，并在大学生群体中去传播，使我们曾经引以为傲的“象牙塔传说”回归本真，培养出人格健全、身体健康、思维创新、素质全面的高水平应用型本科人才。

## 四、教学效果

通过对整个课程进行德育教学融入，配以多样的知识案例教学方法，德育教育由枯燥、乏味的理论变成生动、真实的案例，极大地调动了学生学习的积极性和参与性。在整个案例分析和讨论阶段，本课程注重突出学生的主体地位，强调学生在分析案例中的独立思考、自主分析能力，学生主动与被动接受的方式方法更加多样化。通过实践阶段，锻炼了学生的团队协作能力、语言表达能力、沟通能力和理论联系实际的能力，与高校的德育理念和教学目标相一致。

学生对德融教学模式的认同度在不断提高。16届自动化专业学生崔斌说：“老师讲的 PID 外延含义，从原理分析、公式推导，到哲理融入都太形象了，PID 能够表征过去、现在、将来，真是无所不能，记住好简单。”在试卷中，有关 PID 工作原理、算法推导、意义分析的试题，学生答题的分数比往届明显提高。

本课程于 2011 年立项为校级精品课程，获评“德融好教案、好课堂”，2019 年被认定为山东省一流本科课程。

# 物 理 化 学

## 一、课程基本情况

“物理化学”是研究化学系统中物质的结构及其变化规律的科学，是我校工科类专业的主干专业基础课。课程 64 学时(线上 16 学时+线下 48 学时)，4 学分，面向我校化工、制药、材料、造纸、食工、生工、环工等 20 个专业开设，开课学期为大学二年级。

为满足我校一流应用研究型大学的办学定位对学生的培养要求，本课程目标设置如下。

知识目标：掌握化学变化的基本规律，加深对先行课(如无机化学、有机化学)的理解；掌握热力学基本方法和动力学基本知识，为后续专业课的学习及科学研究打下坚实基础。

能力目标：掌握运用物理化学知识解决实际问题的方法，如模型建构、标准建立等，培养逻辑思维和抽象思维能力；通过应用线上线下混合式教学模式，提高自主学习、深度学习能力；通过与实验、竞赛及科研相结合，培养实践与创新能力。经过课程的学习与实践，提高学生解决复杂问题的综合能力。

素质目标：通过将思政元素融入教学，将学生培养成具有人文底蕴、科学精神、职业素养和社会责任感的高素质人才。

## 二、德融教学理念、设计及内容

### （一）德融教学理念

教师作为德融课堂的实施者，首先应建立正确的育人理念。

#### 1. 全面理解，正确把握

不要把“德融教育”简单地理解为思想政治教育，把专业课上成政治课。德育教育的内容是多方面的，如科学精神、科学态度、团队意识、协作精神、中华传统文化及社会主义核心价值观等诸多内容，可能是在科学家故事或者一项科学发明中的自然体现，也可能蕴含于教师一句话的点评之中。

#### 2. 完善自身，身正为范

身教重于言教，行胜于言。教师的自身修养及人格魅力是德育教育的最好素材，正所谓“学高为师，身正为范”，教师的言传身教对学生的成长成才有着非常重要的作用。这就要求我们不断学习，不断提高业务素质和思想修养，通过自身的人格魅力使学生在“润物细无声”中受到良好的道德熏陶，让学生在学习文化知识的同时提高综合素质。

#### 3. 吃透教材，寓德于教

教材是寓德的载体，依据教材挖掘德育因素是课堂寓德的前提。因此，课前必须深入备课，找到教学内容与德育的结合点；精心设计教学，注重德育融入课堂教学的自然性，避免德育空洞化、说教式、单一化。充分运用先进的教学手段与方法，方能达到事半功倍的育人目的。

#### 4. 关爱学生，以情育人

德育的特点是动情晓理，“情动”而“知书达理”。教书育人，需要走近学生，了解学生，做学生的朋友，真诚与学生交流。学生对哪个老师有感情，就喜欢听哪个老师的课，教学效果就好，正所谓“亲其师，信其道”。教师与学生亦师亦友，在授业的同时，完成育人的过程。

### (二) 德融教学设计及内容

德融教学的设计及具体内容应立足教材，深入挖掘教材中的德育内容，将德育有机地融入课堂教学之中，具体设计思路及实现形式如表 9-1 所示。

表 9-1 德融教学设计思路及实现形式

| 章节 | 知识点 | 思政元素 | 实现形式 |
|---|---|---|---|
| 1.1 理想气体状态方程 | 理想气体微观模型的建立 | 从实验结论中抽象出科学模型，用抽象的模型形象描述具体的事物。引申出如何将科研实验结果上升到理论层次，如何发表高水平的科研论文 | 启发式 研讨式 |
| 1.4 真实气体状态方程 | 方程应用范围 | 理解事物的多样性，懂得具体问题具体分析的重要性。引出“一国两制”是具体问题具体分析的生动体现。进而传达祖国的和平统一是大势所趋、民心所向的爱国教育 | 案例式 |
| 2.2 热力学第一定律 | 热力学第一定律的建立 | 历史上曾一度热衷于制造永动机，均以失败告终，证明了凡事都不能违背自然规律。生活中不劳而获是不可能的，有付出才有回报 | 情景模拟 |
| 2.3 恒容热、恒压热及焓 | $Q_v=\Delta U$ $Q_P=\Delta H$ 关系式的意义 | 将 $Q_v=\Delta U$ 及 $Q_P=\Delta H$ 两个关系式的意义引申到社会生活中，说明众人皆有所长，亦皆有所短，取人之长，补己之短，是人生的大智慧 | 翻转课堂 |
| 2.7 化学反应焓 | 物质标准态的建立 | 由于焓的绝对值不可得，故规定了物质的标准态，从而得到相对值，很多时候我们解决问题都是通过这种方法解决的。引申出有些事物并非非黑即白，标准可以灵活掌握；但有些事情的底线是不可碰触的，例如遵纪守法、爱国爱党 | 小组讨论 |

(续表)

| 章节 | 知识点 | 思政元素 | 实现形式 |
| --- | --- | --- | --- |
| 3.1 热力学第二定律 | 自发过程共同特征 | 自发过程的发生要有明确的推动力，同样学习也需要目标明确，态度端正，对知识充满求知的欲望，有动力，再通过自身的努力才会有进步。培养良好的学习习惯和终身学习的意识、自我管理的能力，在今后的人生中，通过不断学习，适应社会和个人的可持续发展 | 线上线下混合式 |
| 3.2 卡诺循环与卡诺定理 | 卡诺循环及卡诺定理的意义 | 前人栽树，后人乘凉，学会感恩。卡诺定理引进了一个不等号，其重要性卡诺本人在世时都未意识到。其后数十年内许多人都在卡诺循环和卡诺定理的基础上继续工作。1865 年，克劳修斯明确提出了“熵”的概念，而熵的发现是热力学对人类科学所做出的最伟大的贡献 | 研讨式 |
| 3.6 亥姆霍兹函数及吉布斯函数 | $\Delta A$ 及$\Delta G$ 判据 | 学会由繁入简、归纳总结，与熵判据相比，$\Delta A$ 及$\Delta G$ 判据更简洁、更实用。与此理相同，无论是个人的心态还是人际关系，由繁入简，都能收到很好的效果 | 对比分析 |
| 4.2 化学势 | 化学势判据的应用 | 化学势是决定物质迁移方向的强度因素，物质总是从化学势高的一方向化学势低的一方迁移。“势”就是一种推动力，人生也需要推动力，否则就会走下坡路 | 问题式<br>启发式 |

(续表)

| 章节 | 知识点 | 思政元素 | 实现形式 |
| --- | --- | --- | --- |
| 6.5 精馏原理 | 精馏过程 | 精馏是多次简单蒸馏的组合，就像我们的高考、考研，层层选拔，最优秀的总是最先脱颖而出，只有通过自身的努力才可以成为塔尖的那个优秀层次 | 案例式<br>结合生产实践 |
| 7.1 电解质溶液及法拉第定律 | 法拉第定律 | 重视实践尤其是科学实验的特点，在法拉第一生的科学活动中贯彻始终 | 翻转课堂 |
| 10.2 弯曲液面附加压力 | 开尔文公式 | 开尔文的科研经历告诉我们，不要过分迷信一些科研权威的结论。相信自己，勇于质疑，用事实说话，坚持真理，不放弃对真理的追求。复杂的科学工作往往仅靠一个人的力量是很难实现的，可以通过团队合作的形式来完成，众人拾柴火焰高，需要明确集体力量和个人智慧有机结合的重要性 | 案例式<br>经典阅读 |
| 11.1 化学反应的反应速率 | 动力学与热力学的区别与联系 | 对于一个化学反应，既要用热力学研究它的可能性，也要用动力学解决可行性。热力学和动力学是相辅相成的，缺一不可。可以把这一原理用于阐述一个人做事时的心动和行动的关系。它们都是完成一个过程所必须具备的两个方面，缺一不可 | 对比分析 |

(续表)

| 章节 | 知识点 | 思政元素 | 实现形式 |
| --- | --- | --- | --- |
| 11.7<br>链反应 | 链反应机理 | 基元反应一步步导致总反应，小善恶一步步导致大善恶。在现实生活中，我们要防微杜渐，始终牢记“堤溃蚁孔，气泄针芒”的古训，慎初、慎小、慎微，自重、自省、自警，时刻保持清正本色。在工作生产中，小隐患可以酿成大事故，安全生产必须把功夫下在平时，对任何隐患都绝不能放松，把事故消灭在萌芽状态 | 小组讨论<br>随堂报告 |

除了可以利用教材内容及名人轶事，还可以结合时事新闻及教师的亲身经历，将思想政治、社会主义核心价值观、科学精神、科学态度、团队意识、协作精神、中华传统文化等方面的教育内容，“润物细无声”地融入课堂教学中(见图 9-1)。

图 9-1　课堂教学结合思政教育

# 三、教学方法及手段

本课程应用线上线下混合式教学模式，下面以两个具体的教学案例，介绍线上及线下课堂教学过程中德融教学的实施过程。

## (一) 德融+MOOC+翻转课堂教学

我校已于2018年建成《物理化学》在线开放课程，MOOC+翻转课堂混合教学模式不仅适用于课程内容知识点的学习，同样适用于德融课堂的建设(见图9-2)。

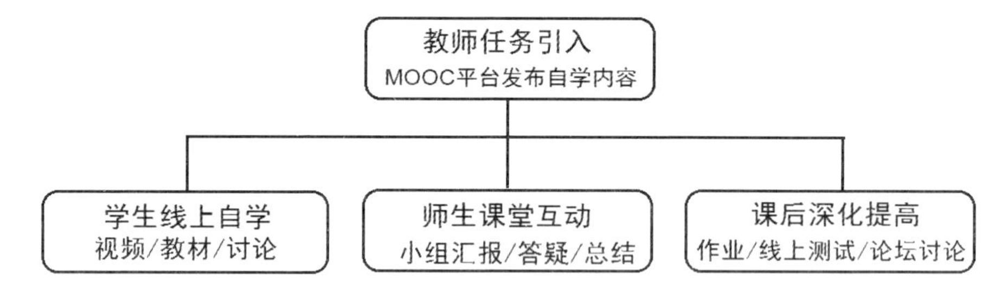


图9-2 德融+MOOC+翻转课堂实施过程图示

下面以“电解质溶液及法拉第定律”一节为例，具体说明教学实施过程。

### 1. 教师任务引入

根据教学进度，教师在 MOOC 平台上提前发布自学内容。这些内容既包括专业知识点，也包括德融教育内容。

(1) 电极的命名及电极反应。

(2) 电解池与原电池的区别与联系。

(3) 电解质溶液的分类。

(4) 法拉第定律的应用。

(5) 科学家法拉第的生平及科学成就。

## 2. 学生线上自学

通过 MOOC 网络平台观看，学生进行自主学习。

(1) 观看教学视频，利用多媒体资源查阅文献资料。

(2) 自行组织课题组、自主讨论。

(3) 选定论题，确定主讲人，准备讲稿，制作 PPT。

(4) 难以自行解决的问题及时反馈给教师。

## 3. 师生课堂互动

(1) 由教师担任课堂主持人，先讲解本节课的知识脉络，将各个知识点贯穿起来。

(2) 学生主讲人进行小组汇报。

(3) 主讲人讲解完成后，由同课题组成员进行内容补充，然后回答其他课题组成员的提问(可适当准备一些小奖品，以鼓励学生积极参与讨论)。

(4) 教师点评、总结，强调本章重点、难点等。

(5) 学生参与打分，增强学生的责任感(制定打分细则，提前告知学生，以使学生在准备小组汇报及打分时有所参考)。

这种教学模式，将课程的主体变为学生，教师的任务是组织教学资源，而不是单纯地灌输知识。这种模式可以培养学生自主学习、深度学习的能力；发现、分析及解决问题的能力；提高语言表达能力；培养团队意识及协作精神。

## (二）德融+线下课堂教学

以“弯曲液面附加压力及其后果”知识点为例，简述教学实施过程。

### 1. 课程目标

(1) 知识目标：①明确弯曲液面附加压力产生的根本原因，熟练掌握拉普拉斯方程，定量计算弯曲液面附加压力的大小、定性分析附加压力的影响因素；②明确毛细现象产生的原因，掌握毛细上升或下降高度的计算方法；③明确弯曲液面与平液面饱和蒸气压不同的原因，熟练掌握利用 Kelvin 公式计算微小液滴的饱和蒸气压，以及分析相关界面现象问题；④明确亚稳状态存在的根本原因，能够解释诸如“人工降雨”“沸石止沸”等一些生活生产中的亚稳现象。

(2) 能力目标：①通过本节课的学习，教会学生运用科学语言及科学方法分析和解决有关界面现象的问题，逐步提升逻辑思维和抽象思维能力；②结合人工降雨、沸石止沸等现象，培养学生发现问题、分析问题、解决问题的能力；③将相关科研前沿动态引入课堂，激发学生的学习兴趣，培养他们的创新精神和创新意识。

(3) 素质目标：①通过本节课的学习，引导学生关注日常生产生活中的各种界面现象。②激发学生探究实际问题的热情，使他们更加热爱科学、关注生活。

## 2. 教学实施过程

本课程的教学实施过程如图 9-3 所示。

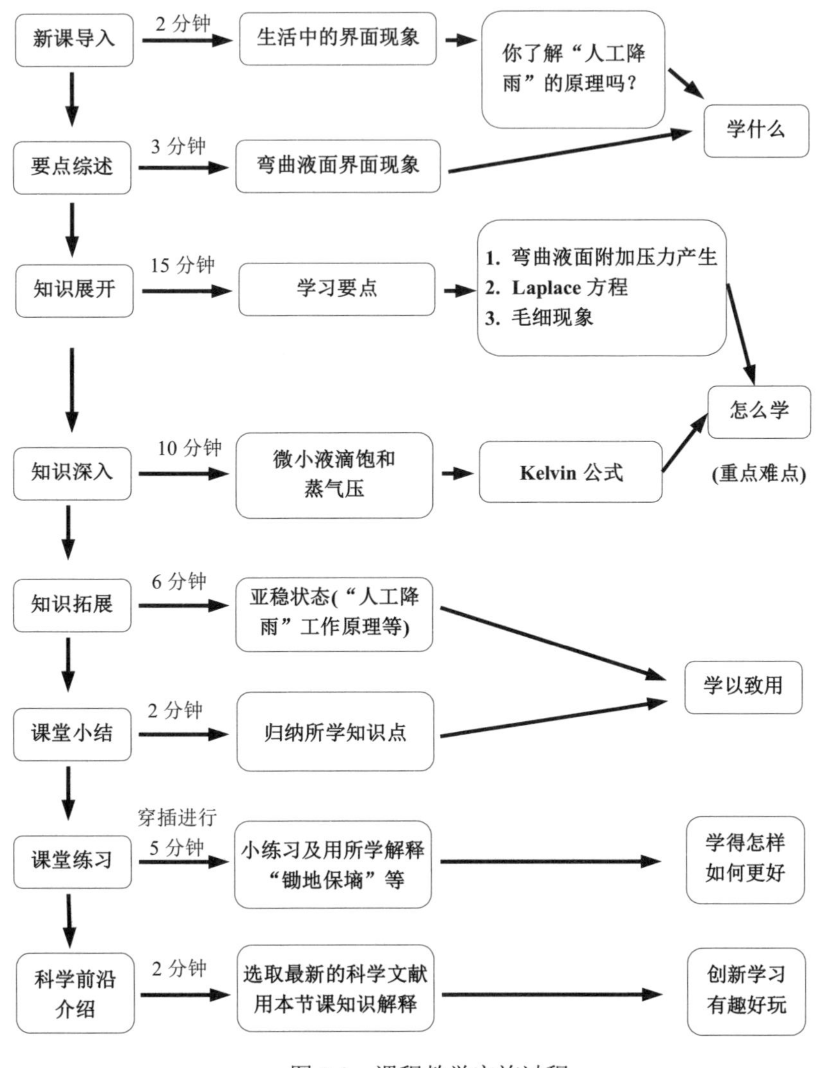


图 9-3　课程教学实施过程

# 四、教学效果

课程结束后，我们对学生进行了问卷调查。对以上教学方式，得到了大多数学生的肯定，认为“学习知识的同时，能有一种收获的喜悦和放松的心态”“老师上课很生动有趣，讲课涉猎很多方面，包含很多的人生哲理，从中收获很多感悟”“老师让我们主动上台讲PPT，调动了我们的积极性，最主要的是锻炼了我们的语言表达能力和临时应变能力，这对于今后我们走上工作岗位尤为重要，希望有更多的机会上台讲PPT”“老师教会了我们一些学习和工作的方法与心得，分享了很多见闻与见解，这可以启迪我们对生活的思考”“我认为应该继续保持这种严肃而活泼的教学方式”。

学生的肯定激励着作为教师的我们进一步加强德融课堂建设与实践的决心，同时也深刻体会到德融教学不是一朝一夕、一蹴而就的事情，而是一件需要用“恒心、耐心、信心”去完成的工作，正所谓“精诚所至，金石为开”，唯其如此，才能够真正践行陶行知先生所言的“千教万教教人求真，千学万学学做真人。”

# 模拟电子技术基础

## 一、课程基本情况

“模拟电子技术基础”是电子信息工程、通信工程、电气工程及其自动化、自动化，以及测控技术与仪器等专业的专业基础课。本课程总学分 4.5 分，共 80 学时，其中理论部分 64 学时，占总学时比例的 80%；实验部分 16 学时，占总学时比例的 20%。授课时间为大二上学期。

本课程主要讲授内容包括：常用半导体器件、基本放大电路、多级放大电路、集成运算放大电路、放大电路中的反馈、信号的运算和处理、波形的发生和信号的转换、功率放大电路、直流电源。通过学习模拟电子技术课程，使学生能看懂本专业中典型电子设备的原理图，了解各部分的组成及工作原理；对各环节典型电路进行定性或定量分析、估算；根据要求选用有关元器件，研制出所需要的电路。该课程不仅具有自身的理论体系，而且是一门实践性很强的课程。本课程的任务是使学生获得的模拟电子技术基本理论、基本知识和技能，培养学生分析问题和解决问题的能力。

在素质方面，不但要培养学生在个人成长中形成的品格、作风等基本素质，教会学生如何思考、如何做人，而且要引导学生树立正确的价值观念，培养综合素质，建立务实、求真、敢于挑战的科学精神，激发学生发奋图强、报效国家的家国情怀。

## 二、德融教学设计及内容

我们根据电类专业学生特点，结合课程思政教育工作需要，以模拟电子技术基本理论、基本知识和技能为主要内容，深入挖掘课程教学内容思政元素，加强教学过程管理，改革课程过程性考核方式，强化教师以身示范的作用，培养学生诚实守信、团结协作、求真务实的个人品质。德融教学设计及内容如表 10-1 所示。

表 10-1　德融教学设计及内容

| 章节 | 知识点 | 思政元素 | 实现形式 |
| --- | --- | --- | --- |
| 第一章二极管及其应用电路 | 半导体基础知识；PN 结、二极管及应用电路 | 具备辩证性思维 | 引入古典名句 |

(续表)

| 章节 | 知识点 | 思政元素 | 实现形式 |
| --- | --- | --- | --- |
| 第二章 晶体管及其放大电路 | 晶体管放大电路组成其主要性能指标；放大电路的工作原理和分析方法；三种基本放大电路的比较 | 社会主义核心价值观教育 | 强调个体和集体的关系，个体价值观定位和集体性社会认同关系 |
| 第三章 场效应晶体管及其放大电路 | 场效应晶体管；场效应晶体管放大电路 | 道德观和价值观教育 | 集体是道德观和价值观学习的工具，是正确个体价值观和良好道德品质形成的重要源泉 |
| 第四章 多级放大电路 | 多级放大电路的级间耦合方式；多级放大电路的分析方法；差分放大电路 | 培养学生个人成长基本素质 | 强调团体协作精神，注重个体性体验和集体性合作 |
| 第五章 集成运算放大器 | 集成运算放大器简介；电压比较器 | | |
| 第六章 放大电路中的负反馈 | 集成运算放大电路中的四种负反馈组态；负反馈放大电路放大倍数的估算；负反馈放大电路的应用 | 实事求是的思想路线，培养学习的积极性 | 注重培养求真务实的科学精神。强调学习积极性是直接推动人进行学习的内部动力 |
| 第七章 波形的发生和信号的转换 | 正弦波振荡电路 | 如何思考、如何做人 | 正视并利用个人优缺点，形成良好的自我认识和自我控制 |

(续表)

| 章节 | 知识点 | 思政元素 | 实现形式 |
| --- | --- | --- | --- |
| 第八章<br>功率放大电路 | 功率放大电路的特点；变压器耦合功率放大电路；互补对称功率放大电路 | | |
| 第九章<br>直流电源 | 直流稳压电源的组成及其作用；整流电路；滤波电路；稳压电路；集成稳压电源 | 弘扬中华民族传统美德，培养大学生家国情怀 | 大学生诚信教育，加强爱国主义教育，激发学生的使命感、责任感和爱国情怀 |

## 三、教学方法及手段

本课程授课对象是大学二年级的学生，经过了大一的懵懂阶段，进入大二的忙碌学习状态，大部分学生开始思考如何更好地度过自己的大学生活，已经规划目标并为此努力学习，追求知识的欲望较高。但是部分学生仍处于随波逐流状态，对自己的生活和学习毫无规划，得过且过，自制能力较差。针对学生中普遍存在的问题和现象，有针对地在德融课堂上采用启发式、互动式、讨论探究式，以及实验演示和学生动手操作等方式，给予学生适当的指导和教育。

### （一）强调基础的重要性

在讲述绪论部分中模拟电子技术课程的性质和定位时，为了让学生充分理解模拟电子技术在整个课程体系中的基础性和重要性，引入老子《道德经》的经典名句来启发同学们好好学习这门课程。

1. 课程内容

模拟电子技术基础课程是电子信息工程、通信工程、电气工程及其自动化、测控技术与仪器，以及自动化专业的专业基础课，也是一门关于电子技术应用的入门性质的技术基础课。因此，必须强调该课程的重要性，只有把基础打牢固，才有能力掌握后续的专业课程。

2. 德融教学体现

引入老子在《道德经》中的名句“道生一，一生二，二生三，三生万物”。万物代表专业核心课程，譬如通信原理、信号与系统和高频电子线路等。一代表基础，专业学习要有基础，基础总在最底层，模拟电子技术就是后续专业核心课程的基础。

## (二) 强调个人与集体的关系

在讲述“二极管的伏安特性”的相关内容时，介绍二极管伏安特性具备正向和反向特性时，启发学生由二极管和温度的敏感性联想到学生个体和集体之间的关系，给同学们讲解学校开展德融课堂目的的同时，让学生对二极管伏安特性的印象更加深刻。

1. 课程内容

二极管的伏安特性如下。

(1) 正向特性，指二极管正向偏置时的伏安特性，呈指数形式分布。

(2) 反向特性，指二极管反向偏置时的伏安特性，存在反向击穿电压。

温度对二极管伏安特性的影响为：二极管由 PN 结构成，PN 结特性决定二极管的特性对温度很敏感。环境温度升高时，二极管的正向特性曲线将左移，反向特性曲线将下移，由图 10-1 可以判断在相同电压下，温度越高，电流越大。

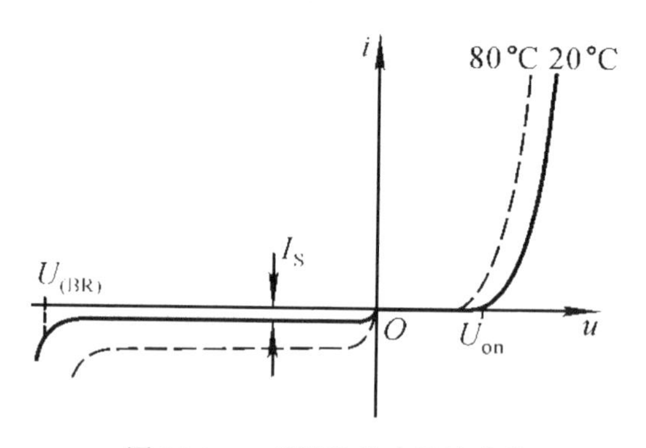


图 10-1　二极管的伏安特性曲线

## 2. 德融教学体现

二极管对温度的敏感性犹如学生个体和集体的关系。学生个体相当于二极管，而集体相当于温度。集体是由一定数量的学生组编而成的，是建立在成员间互相依存和相互作用基础上的一个整体。班级、学院和学校都是一个集体，集体对学生的身心发展势必产生重要的影响，犹如温度对二极管特性的影响。当今社会思潮和价值观念多元多样多变，市场经济的负面影响对思想道德的冲击很大，拜金主义、享乐主义、利己主义现象对部分大学生产生一定的影响。因此，要强调个体和集体的关系，个体价值观定位和集体性社会认同关系。我校将“德融课堂”作为深入贯彻落实习近平总书记系列重要讲话精神的一个体现，探索并创新教育教学理念和德育体系，用社会主义核心价值观引领学生发展。学校以及下属学院和班集体形成一个优良的学风和校风的载体，提倡明礼诚信、团结友善的氛围；培养学生诚实守信、互帮互助、文明有礼的优良品质。

## (三) 鼓励团体协作

在讲述基本放大电路中动态分析内容的时候，针对失真分析的内容难理解的状况，启发同学从团体协作精神这个角度来理解失真问题。

### 1. 课程内容

基本放大电路的动态分析方法如下。

(1) 电压放大倍数的分析。

- 根据输入交流信号 $u_i$ 做出 $i_B$ 的波形。
- 通过静态工作点，做出交流负载线。
- 根据 $i_B$ 的波形做出 $i_C$ 和 $u_{\mathrm{CE}}$ 的波形。
- 通过 $A_u = \dfrac{\Delta u_O}{\Delta u_I} = \dfrac{\Delta u_{\mathrm{CE}}}{\Delta u_I}$，确定电压放大倍数。

(2) 直流负载线与交流负载线。

- 直接耦合电路的交直流负载线分析。
- 阻容耦合电路交直流负载线分析。

(3) 失真分析。

- 截止失真(见图 10-2)。因晶体管截止而产生的失真称为截止失真。当 $Q$ 点过低时，在输入信号负半周靠近峰值的某段时间内，晶体管 $B$-$E$ 间电压$u_{\mathrm{BE}}$小于开启电压$U_{\mathrm{on}}$，晶体管截止。因此，电流$i_b$将产生底部失真，集电极电流$i_c$和集电极电阻$R_c$上电压的波形必然随$i_b$产生失真。由于输出电压$u_o$与$R_c$上电压的变化相位相反，所以导致$u_o$波形产生顶部失真。

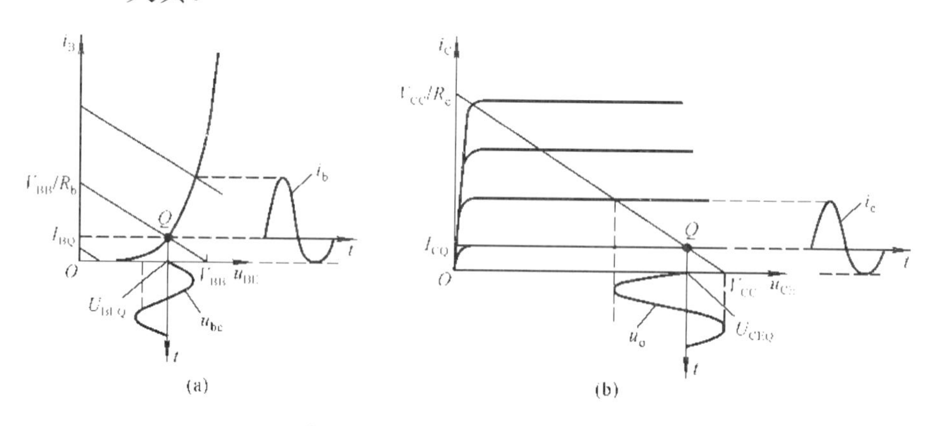


图 10-2　放大电路截止失真

- 饱和失真。因晶体管饱和而产生的失真称为饱和失真。当 $Q$ 点过高时，虽然基极动态电流$i_b$为不失真的正弦波，但是由于输入信号正半周靠近峰值的某段时间内晶体管进入了饱和区，导致集电极动态电流$i_c$产生顶部失真，集电极电阻$R_c$上的电压波形随之产生同样的失真。由于输出电压$u_o$与$R_c$上电压的变化相位相反，从而导致$u_o$波形产生底部失真。

2. 德融教学体现

由失真分析联想到春秋时代左丘明在《左传》中提到的“唇亡齿寒：一损俱损，一荣俱荣”的典故。进而讲到如今很多工作都是靠团体力量来完成的，同学之间要有良好的团体协作精神。

每个学生就像放大的电路静态工作点，必须定位在恰当的位置，才能避免失真情况的发生。也就是说，只有当所有的学生都认真做好自己的工作，那么整个任务才能顺利完成。当代学生从小就接受了良好的教育，有很强的自主意识，但是有些学生在追求自我价值的同时，常常以自我为中心，缺乏教养，很难与其他同学合作。通过德融教学，我们告诉学生要注意建立和谐关系，在班级和学院中创设良好的人际氛围，注重培养自己的团体协作能力，促进个人潜力的开发。

## (四) 引导大学生构建正确的价值观

在课堂讨论过程中存在部分学生课堂不敢发言、对自己没有信心，以及潜在自卑心理的现象。通过放大电路知识的讲授，引导同学树立自信，拥有正确的价值观。

### 1. 课程内容

放大电路的估算法如下。

(1) 估算法求静态工作点。画出放大电路的直流通路(见图10-3)，根据直流通路中的电量关系求出$I_{BQ}$、$U_{BEQ}$和$I_{CQ}$、$U_{CEQ}$。

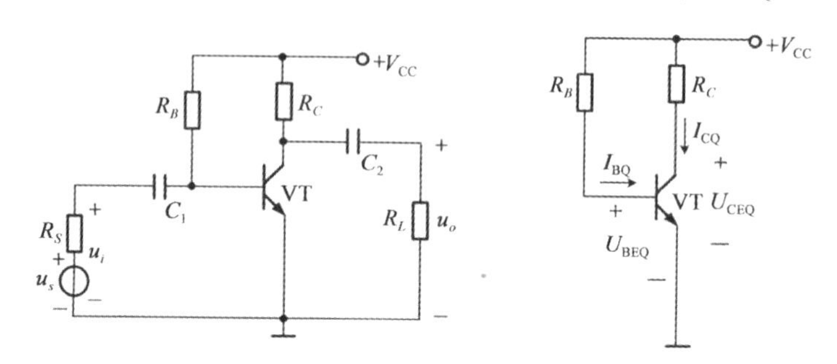


图 10-3　单管共射放大电路及直流通路

(2) 放大电路的等效电路分析法(动态分析)。绘制晶体管的简化等效电路，可将晶体管看成一个二端口网络，输入回路、输出回路各为一个端口，即从晶体管输入端看进去等效为一个电阻(见图 10-4)。

$$r_{be}=\frac{\Delta u_{BE}}{\Delta i_B}=\frac{u_{be}}{i_b}$$

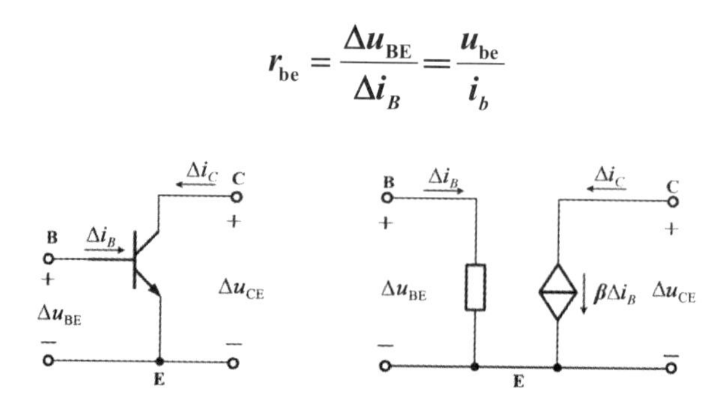


图 10-4　晶体管简化微变等效电路

近似计算得到公式为

$$r_{be} \approx r_{bb'} + (1+\beta)\frac{26(mV)}{I_{EQ}(mA)}$$

2. 德融教学体现

近似计算即为估算，采用估算方式势必会引起误差，电路存在误差，就犹如我们自身存在缺点，同样都是不可避免的。作为一名大学生，要学会对自己做全面分析。认识自己是促进自我成长的动力和源泉，充分认识自己，才能更好地完成学习、工作和任务，才能不断地完善自我，确定自己的正确价值观和人生观。找到自己的优点，可以在大学生活和学习中不断发挥自己的优势；找到自己的缺点，正确剖析自身缺点，能够树立学习和生活实践中的目标，不断改造自己的思维和行为习惯，更好地投入大学生活中去，争取获得更大的进步。

## 四、教学效果

本课程在德融教学过程中采用多种教学方法综合运用，同时融入品德思想教育,在教学过程中注重培养学生个人成长的基本素质，引导树立正确的价值观念，建立求真务实的科学精神，激发学生报效国家的家国情怀。一方面，学生在学习本课程后，学习积极性和主动性有了明显提高，课堂秩序越来越好，班级学习气氛日益浓厚。

另一方面，学院和学校督导组多次听课，对本课程结合思政元素的授课方式及建设情况给予肯定和支持。学生对该课程的教学方法和手段比较满意，接受度较高，通过近两个学期的网上评教成绩可以看出，学生的认可度较高。

# 工程力学 I

## 一、课程基本情况

“工程力学 I”是材料成型及控制工程专业学生的专业基础课，是后续其他各门力学课程和相关专业课程的基础性课程，共 64 学时，理论学时 56 学时，实验学时 8 学时，4 学分。课程主要讲授高等力学的基础性知识，包括静力学问题和分析方法、常见杆件的受力变形形式及其强度和刚度条件等。

课程的知识目标是：使学生能够对物体及简单的物体系统进行正确的受力分析、画出受力图并进行相关计算；掌握受力构件变形及其变形过程中构件内部应力的分析和计算方法，掌握构件的强度、刚度和稳定性分析理论在工程设计、事故分析等方面的应用。

课程的能力目标是：培养学生针对抽象复杂问题的思考能力，了解常见力学问题的研究思路，培养学生针对约束问题的推理能力；培养学生学以致用的能力，通过让学生亲身参与教学和实验过程，帮助学生将抽象的知识点应用到解释和解决实际问题的过程中，提高学生的知识运用能力。

课程的素质目标是：结合学生工科专业的特点和未来就业方向，培养学生在科研和工作中科学严谨的工匠意识；联系现代社会快速变化的社会环境和复杂多变的各种挑战，让学生树立正直可靠的精神品格；以与学生联系紧密的切身体验，培养学生形成爱国爱家的思想维度。

## 二、德融教学设计及内容

本课程在知识上是讲授相对抽象的零件设计方法的课程，其内容的理论性较强；在素质上是让学生第一次真正建立工程师的责任感，切身感受到自己肩头重担，体会到自己强则国家强的过程。在教学过程中，非常适合引入对学生人生观、价值观、世界观的教育和引导内容，可以帮助学生对自己的思想修养、工程师承担的责任、自己对国家和民族的贡献产生深刻的思考和共鸣。

课程中的德融教学需要在控制教学质量的前提下，尽可能潜移默化地引入德育教学内容，让学生在不知不觉间对德育教学的内容产生认同感，并在生活和学习中亲身实践。为了达到上述目的，本课程采用下面的教学流程设计。

## (一) 课程教学主体部分

采用 BOPPPS 教学法，控制教学流程，保证教学质量。

引用学生比较关心的话题(电影、游戏、时事等)作为课程导言(bridge-in)引入学习内容；以导言所引出的问题作为这次课的学习对象，引出此课程的学习目标(objective)；通过扫描二维码的形式让学生通过手机答题，了解学生对基础知识的掌握及预习的情况(pre-assessment)；针对在先测中出现的问题开展学习内容(participatory learning)，在这一部分中开展正面德育教学；引入真实例子，再一次让学生通过网络问答的形式进行分析实例的后测(post-assessment)；最后进行课程总结，回顾学习内容，并拓展最新的研究成果(summary)，进一步加深印象。

## (二) 德融课程教学部分

采用“主题+渗透”的教学方法，将德育教学的内容分成主题教学点和渗透教学点，贯穿于整个教学流程中。

### 1. 主题教学点

主题教学点是课程的主要德育教学目标，在开课之前安排在正常教学流程的固定位置处，从正面对学生进行明显的德育教学和思想引导，比如采用“耻辱之戒”的例子让学生明白作为工程师的责任，从而引导学生养成科学严谨的学习习惯等。

2. 渗透教学点

渗透教学点是围绕主要德育教学目标而存在，不在开课之前具体设定这些教学点出现在教学中的具体位置和方式，主要通过相对随机的、隐蔽的、潜移默化的方式，由教师在课前联系当前社会热点和学生关心的话题，对学生进行思想教育和融入式的引导，让学生在不知不觉中受到德育教育。

对整门课来说，主题教学点和渗透教学点的关系如图 11-1 所示。

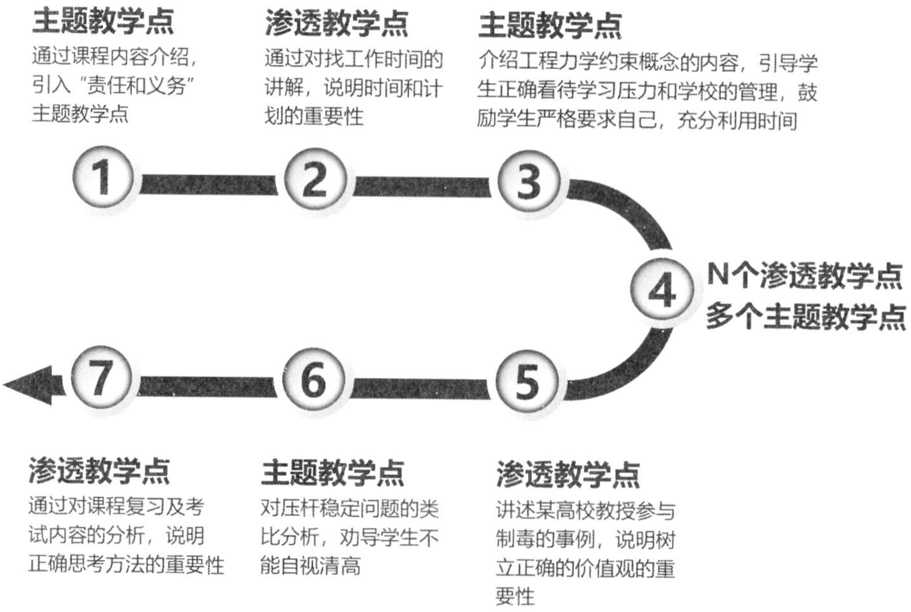

主题教学点
通过课程内容介绍，引入“责任和义务”主题教学点

渗透教学点
通过对找工作时间的讲解，说明时间和计划的重要性

主题教学点
介绍工程力学约束概念的内容，引导学生正确看待学习压力和学校的管理，鼓励学生严格要求自己，充分利用时间

1 2 3 4 5 6 7

N个渗透教学点
多个主题教学点

渗透教学点
通过对课程复习及考试内容的分析，说明正确思考方法的重要性

主题教学点
对压杆稳定问题的类比分析，劝导学生不能自视清高

渗透教学点
讲述某高校教授参与制毒的事例，说明树立正确的价值观的重要性

图 11-1　主题教学点和渗透教学点的关系示意图

对一次德育教学课程来说，教学流程和德融教学的关系，如图 11-2 所示。

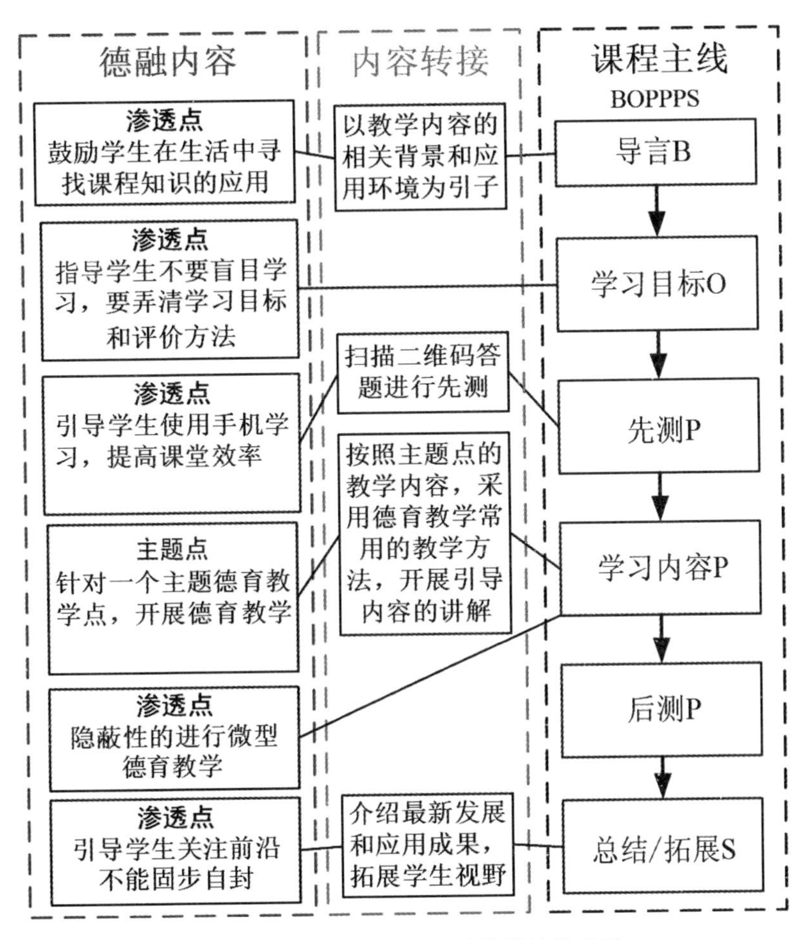


图 11-2　教学流程和德融教学的关系图

参照上述设计，本课程中德融教学的内容汇总如表 11-1 所示。

表 11-1 德融教学内容汇总

| 章节 | 知识点 | 思政元素 | 实现形式 |
| --- | --- | --- | --- |
| 第一章<br>静力学基本概念 | 约束和约束力 | **主题点：** 引导学生正确看待学习压力和学校的管理，鼓励学生严格要求自己，充分利用时间<br>**渗透点：** 自律、自省 | 采用类比的方式，将物体被约束的状态类比为学生现在受到各种规章和制度限制的状态，引导学生思考之间的关联 |
| | 受力图和受力分析 | **主题点：** 引导学生注重对自身思想和目标的全面分析，并确定奋斗的方向<br>**渗透点：** 有理想、有信念 | 采用引导讨论的方式，对杆件受力分析的过程进行拓展应用，引导学生讨论如果用在自己身上能分析出什么 |
| 第二章<br>汇交力系 | 力的可传性 | **主题点：** 在努力学习中，也应该放平心态，淡然面对有可能出现的挫折<br>**渗透点：** 自我调整、不放弃 | 力的可传性代表了力是可进可退的，采用头脑风暴教学法让学生体验自己的生活发生“进退”时的情景 |
| | 三力平衡汇交定理 | **主题点：** 儿行千里母担忧，要时刻想着父母，努力学习，回报家长的期望与付出<br>**渗透点：** 不焦躁、不自满 | 采用理实一体化教学方法，让学生通过动手实验来体会知识点，拓展引导到学生对自己家庭关系的思考上来 |
| 第三章<br>力偶系 | 力对点之矩 | **主题点：** 注意自己人生的方向，朝正确的方向努力，才能让生活这部机器运转起来，更加的平稳和有效<br>**渗透点：** 生活有多种可能 | 采用类比的方法，分析只有让通过一点的力，朝垂直于作用点和目标点之间连线的方向存在，才能让旋转的趋势最大，引导学生思考事半功倍的方法 |

(续表)

| 章节 | 知识点 | 思政元素 | 实现形式 |
| --- | --- | --- | --- |
| 第三章 力偶系 | 力偶的性质 | **主题点：**提出大学生活时间有限，以后就业和学习的任务要求较重，需要同学们提高学习效率，专心学习<br>**渗透点：**拖延症 | 采用案例教学方法，让学生分析这门课的学习要求，以及自己可以用来学习的时间 |
| 第四章 平面任意力系 | 力的平移定理 | **主题点：**人也应该不忘初心，在学习和生活中努力追求梦想，努力奋斗，保持上进心<br>**渗透点：**确定目标 | 采用情景教学法，让学生思考在面对改变时，自己能不能保持初心，不忘梦想，努力前行 |
| 第五章 材料力学绪论 | 稳定性问题 | **主题点：**基础研究的重要性，引导学生拓展视野，重视基础，并积极查询相关科研参考文献<br>**渗透点：**查文献的方法 | 使用作业讨论法，让学生思考使一张纸站立的方法，引导学生关注基础科学问题的研究 |
| 第六章 拉压杆 | 剪切和挤压 | **主题点：**应当重视情商的培养，注意锻炼自己的交往连接能力，注意在平凡生活中培养自己不平凡的交互能力<br>**渗透点：**情商、智商、协调 | 采用类比的方法，将杆件受到剪切和挤压变形的过程，类比为学生与外界的交互过程 |
| 第九章 扭转轴 | 扭转轴强度条件 | **主题点：**注意将自己的言行与国家的法律法规和学校的相关要求对应起来，不然后面的学习生活就会很被动，压力过大，导致没有良好的发展和上升空间<br>**渗透点：**认识压力、重视创造精神 | 采用讲授法，讲述中国古代的名臣皋陶所制定的法律的相关知识，与学过的强度条件有很多相似之处 |

(续表)

| 章节 | 知识点 | 思政元素 | 实现形式 |
|---|---|---|---|
| 第十二章压杆稳定 | 提高压杆稳定的措施 | **主题点：**不能因为一些成绩和成果就盛气凌人，应团结同学；也不能不与别人交流和来往<br>**渗透点：**与人交流的手段、表情控制 | 采用类似的方法，以压杆稳定问题来比喻学生在大学生活中可能遇到的人际关系问题 |

## 三、教学方法及手段

针对学生的特点和本课程中不同教学内容的要求，德育教学可以采用如下几种方法。

### (一) 代入情景分析法

将自己假设成为分析德育教学实例的本体，带领同学们一步一步地进行模拟真实情况分析和选择，最终得出一个必然的正能量答案，然后再带领同学们分析这个答案所代表的含义，从而引出最终的德育教学目标，让同学们懂得进行正确选择的必然性，从根本上培养学生正面思考的习惯，让学生明白坚持自我、勇敢面对的道理，将勇敢、坚强、果断内化为自己行动的信条。例如，在材料力学部分内容的最后一个章节稳定性内容的讲解中，引入最后一个教学点，核心的目的是让学生在这个纷杂的社会中，不要忘记自己的内心，不要忘记自我修养。以杆件的稳定性影响因素类比人们幸福的影响因素，让同学们意识到，除了要关心自己的外部条件，还要关心自己的内心，越多的欲望会带来越多的不安定因素，内心越空虚，就会让幸福走得越远。学生对这个教学点的教学内容普遍表示接受，对自身的修养给予了更多的关注。

## （二）给定实例警示法

将以前在工程力学领域内出现的相关问题进行梳理和总结，让学生接触到这些因为各种设计原因而导致的严重问题，使学生从内心深处意识到相关责任的严重性，从而发自肺腑地对自身工程师的身份和责任产生认同感，让学生真正将工程师的责任和担当刻印到自己的血液中去，实现从学习者到实践者的心态转换。例如：在课程开始时，我们引入了加拿大工学院的“耻辱之戒”示例，让同学们认识到自己的设计结果很有可能带来巨大的成功，也有可能带来巨大的损失。意图让学生对自身的行业和学科身份产生真实感、责任感，让学生思考自身的工作价值和社会价值。在进行讲述的过程中可以明显感觉到学生听得很投入，对一个设计失误的大桥会带来巨大的经济和人员损失这一事实，产生了强烈的震撼，突然意识到自身的专业性具有非常现实的意义和价值。

## （三）头脑风暴讨论法

将一些难以获得统一答案的问题提出并引导学生进行讨论，从而让学生对该问题和该问题衍生出的深层次的问题进行思考，帮助学生养成深入思考的习惯，并在讨论中，获得德育教学效果。例如，在课程结束了静力学部分进入材料力学部分时，通过现在我国多种高科技行业重要技术和产品仍需大量进口，甚至在某些领域长期存在全部进口的现状，引导学生说出知道的需要进口的设备或零部件，让学生意识到科技落后真的会影响自己。同时，通过讨论告诉学生，如果进行技术创新和科学研发，会在改变自身的同时，提高国家的科技竞争力，让他们认识到，为自己、为国家进行科技研发和技术进步的必要性，使学生产生对应的使命感。同学们在查找自己身边需要进口的设备时，被现状所惊醒，真正意识到原来国家的科技进步，真的能够切实地改变自己的生活，让学生对爱国和爱家有了新的认识，达到较好的教学效果。

## （四）理论现实类比法

根据工程力学课程中相对抽象问题的特点，将需要进行的德育教学知识点，与课程中存在相类似的内容进行类比，在对具体知识点进行讲解的时候，拓展类比到现实生活中的问题里来，宏观上打通知识和应用之间的鸿沟，微观上提高学生对于德育教学内容的认同和接受程度，提高德育教学效果。例如，在讲述压杆稳定的基本概念时涉及的一个不稳定的平衡的概念，为了帮助同学们进一步理解，可以举一个“月光族”的概念进行举例。经过分析发现，月光族的状态是一个不稳定的平衡，也就是收入刚好等于支出，但是在出现任何干扰时，平衡就被打破了，而且很难回到平衡状态，就像我们学过的不稳定的平衡一样。同时，我们关心不稳定平衡的根本原因应当是载荷过大，就像“月光族”一样，根本原因就是支出太多不能和收入相匹配。所以学生明白了，就像应当降低不稳定的平衡的载荷一样，应当进行合理消费，保持收入和支出的良性关系。进一步的，引导学生思考自己的将来和规划，帮助学生厘清未来的方向。

### (五) 现代科技教学手段辅助德融教学

采用手机教学、网络授课、数值化管理等手段帮助开展德融教学活动，既可以提高教学效率，又可以让学生熟悉使用手机等电子产品进行学习的过程，帮助学生养成正确对待电子产品诱惑的习惯，还可以在学生感兴趣的领域进行德育教学。例如，采用扫描二维码进行测试的方法，既可以方便快捷地收集和整理教学信息，又可以让学生熟悉现代社会依靠手机进行工作和学习的趋势，对上课时手机的应用环境进行思考。再如，通过网络化教学平台，让学生之间进行作业甚至是试卷的互评，让学生站在教师的角度观察课程内容，既能帮助学生建立更高水平的知识观察视角，又能让学生体验到别人分析问题的角度，让他们真正体验到为他人着想、相互理解的过程，促进学生发自内心的与人为善。

# 四、教学效果

本课程含有一些相对晦涩的内容，学生普遍反映内容较难，学习积极性不高。同时，在传统意义上，工程力学中引入德育教学，可能比较突兀、僵硬。但是，经过了德融教学的改造，不仅在教师之间获得认可，更在学生之中获得了良好的反馈。

首先，端正了学生的学习态度，课堂表现明显改善。开展了“德融课堂”工作后，学生课上的反应较为热烈，听课的积极性显著提高。在上课过程中，学生的目光跟随性明显提高，与教师互动时，积极性也有所改善，作业抄袭现象明显减少，在作业中与教师进行讨论和尝试新思路、新解法的情况增多。

其次，理顺了对教学课程的认识，学生评价较为正面。在课下与学生做自由交流时，学生反应对教学过程中引入的实例、讨论、讲解内容接受度较高，在学习知识的同时，人生经验、社会经验有所充实，受益匪浅。

最后，促进学生深入思考问题，对未来的探索更为积极。在以前的教学中，学生普遍反映对学业和人生规划不足，较为迷茫；经过了德融教育，学生中找老师商量今后学业规划和人生方向的人变多了，到学院报名做老师科研助手的学生增加了，还出现了一批利用课余时间积极利用自身特长，为学院和学校贡献力量的学生。总的来看，班级氛围明显改善，对未来目标和学习规划较为明确，学习积极、团结互助、努力奋斗的风气已经形成。

# 数字图像处理

## 一、课程基本情况

“数字图像处理”是电子信息类专业一门重要的专业课，是计算机视觉、多媒体技术、人工智能等学科的基础，同时也是一门涉及多领域的交叉学科。本课程共 40 学时，学分 2.5 分。

本课程以培养学生数字图像处理的基础知识和基本分析方法为基础，在教学中注重培养学生对数字图像处理基本原理的深入理解和对数字图像处理工程问题的解决方案的分析和设计能力，使学生具备针对复杂工程领域的问题，综合各类信息进行研究并得到合理有效结论的能力。

在教学过程中，从科学本源出发，培养学生“求真”的科学探索精神，同时培养学生实时了解科技领域前沿成果的能力，增强学生的创新意识和创新思维。此外，依托当前计算机视觉、人工智能领域的蓬勃发展，培养学生将所学的知识转化为推进社会发展动力的责任感和使命感。

## 二、德融教学设计及内容

### （一）德融教学总体设计

德融课堂以专业课程教学为基本载体，将德育和智育有机结合，贯彻落实“立德树人”的根本任务。根据学生对象的特点，借助具体教学内容和教学手段，从科学本源出发，从“求真”出发，融入德育。具体设计方法如下。

#### 1. 内容设计

在内容上，主要包括社会主义核心价值观、传统文化、科学精神、团队意识、协作精神等方面。

#### 2. 教学方法设计

在方法上，有机融合，寻找合适的专业知识与德育教育的结合点，不搞与教学内容脱节的“填充料”与“插曲”，要“结合”得自然，“进行”得适度，不能喧宾夺主，让学生通过自己的学习、思考和实践，在学习专业知识和技能训练过程中提升思想修养。设计的具体落脚点与对应的切入方法主要有三类：

(1) 理论算法要置于整个知识体系中，讲清来龙去脉，加强学生对知识的系统性理解。如果算法的提出者有相关励志的故事，或算法提出时不凡的经历、遭遇等都可作为德育内容。

(2) 算法原理本身所隐含的某些哲学道理，从科学本源出发，从科学上升到哲学，自然结合到现实生活，融入德育，要有理有据。科学技术与人文领域的很多思想实际上是相通的，可以采取课堂引申讨论的方式加强德育教育。

(3) 理论算法的具体落实在应用实例上，给予生活的某些启示。

## (二) 德融教学内容

德融教学的具体内容如表 12-1 所示。

表 12-1 德融教学内容

| 章节 | 知识点 | 思政元素 | 实现形式 |
| --- | --- | --- | --- |
| 绪论 | 数字图像处理前沿技术，具体应用举例，技术也会被居心不良的人利用 | 科技是把双刃剑，科技创新的目的是造福于民 | 例子引申<br>课堂讨论 |
| 数字图像基础 | 视觉感知特性，马赫带效应等，以及人眼错觉 | 眼见不一定为实，真知来源于实践 | 例子引申<br>上机实验 |
| 图像空域增强 | 图像的均值滤波、中值滤波等平滑滤波 | 近朱者赤，近墨者黑 | 原理引申 |
| 图像频域处理 | 傅里叶的理论首次提出时的遭遇 | 不要迷信权威 | 微课<br>演示与讨论 |

(续表)

| 章节 | 知识点 | 思政元素 | 实现形式 |
| --- | --- | --- | --- |
| 图像复原 | 图像去雾算法的发现过程与算法的基本思想 | 大道之行在于简 | 从问题出发启发式教学 |
| 图像分割 | 基于K均值聚类的图像分割算法的原理 | 物以类聚，人以群分 | 微课<br>演示法 |
| 图像的表示与特征提取 | 结合模式识别，图像的特征决定了图像的分类结果 | 多方面特征决定了人的高度 | 原理引申 |
| 图像处理应用实例 | 综合本课程学习的算法，解决一个实际应用的问题 | 探索精神、团队合作 | 案例教学<br>分组合作 |

## 三、教学方法及手段

### 案例1：绪论

#### 1. 本章总体教学内容

对本课程进行全面了解，包括数字图像处理发展史、发展现状，相关技术领域的前沿动态，社会发展的技术需求在本领域的体现。

#### 2. 德育切入点

在数字图像处理发展现状与应用实例部分，开展课堂讨论，请同学们介绍自己了解的最新的应用实例。例如，手机中美图软件(图像增强)的功能、百度搜索中的以图搜图功能、各种刷脸功能，以及娱乐功能等，以此开展课堂讨论，可以发现有些技术有可能被坏人利用，从事不法活动。

### 3. 德融教学内容

激发学生的使命感与责任感，让学生明白科学技术是把双刃剑，科技本身没有好坏的属性，科技的好坏决定于掌握科技的人，这也是在加强智育的同时，德育一定要跟上的意义所在。因此，教育学生我们不仅要专注于知识和技能的学习，还要有正确的方向，科技创新的最终目的是造福于民。

### 4. 德融教学过程

把应用实例分成正反两方面，引入德育内容：科学技术，既可以像工业革命的例子一样，帮助人类走上一个新的台阶；也可能被不正当使用，这时越高明的技术后果也会越可怕。

(1) 正能量应用实例：让盲人能“看见”。Facebook 发布了一款新型屏幕阅读工具，可对照片进行自动文本处理，从而让用户听到照片上的内容描述(见图12-1)。另一个是由牛津大学开发的智能眼镜，能够利用视觉影像帮助盲人识别物体，以及判断物体距离的远近(见图12-2)。

图 12-1　Facebook 的屏幕阅读工具

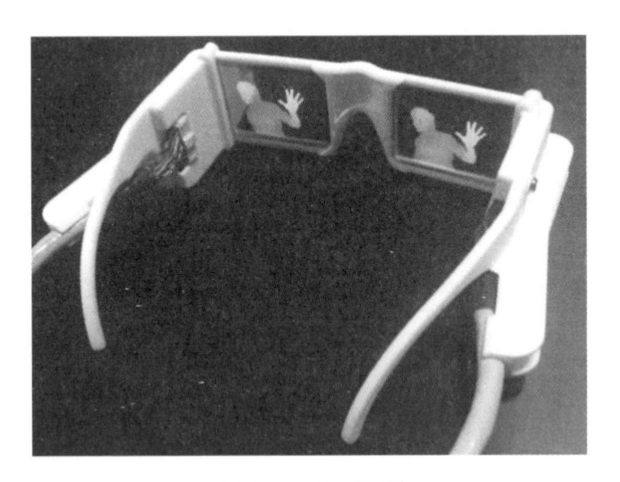

图 12-2　智能眼镜

对于盲人用户而言，当好友上传了一张未添加任何文字描述的照片时，即使能从中获取少量信息其意义也是重大的。虽然目前还无法识别图片中的所有内容，然而这却是发展科技的真正动力所在！

以此开展课堂讨论，引发学生思考，并留下问题(课后作业)。学生查阅相关资料，充分发掘数字图像处理的应用方向，并确定一个自己感兴趣的小课题(也可以按小组确定课题)，探讨其研究意义，并初步了解和设计解决方案，作为学习这门课程之后的案例总结。希望通过本门课程的学习，提高学生加入到实现“中国梦”的改革大潮中的参与感和使命感，提高学生实现自我价值的自信心。

(2) 反面应用实例。人脸表情捕捉 Face2Face，是2016年 CVPR 最炫酷的技术，可实时捕捉体验者的面部表情，并将现有视频中的人物表情替换成捕获的表情(见图12-3)。图像或视频里的内容完全可以以假乱真。

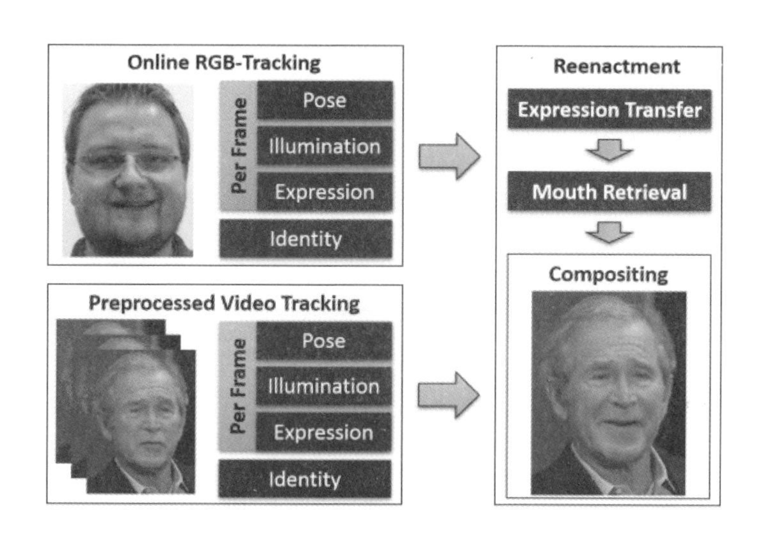


图 12-3　表情替换

然而，该技术诞生以来，却使造假脸、假视频的恶搞消息不断。而基于 GAN 的相关技术让这种恶搞更上一层楼，甚至出现了火遍全美乃至全世界的“教皇抽桌布戏法”的虚假视频(见图 12-4)。

图 12-4　虚假视频

## 案例 2：数字图像基础

### 1. 总体教学内容

视觉感知基础、图像的获取、图像的采样与量化、数字图像的表示，图像数据在计算机中的存储、数字图像的分辨率、像素间的关系。

### 2. 德育切入点

从人类视觉模型中可以看出，人类视觉并不完全是真实景物的直接反映，而是包括大脑加工部分。因此，出现了有很多对环境反映的修正，如马赫带效应、同时对比度，以及视觉错觉等，可见眼见也不一定为实。

### 3. 德融教学内容

即使没有被别人故意欺骗，自己的眼睛也有可能骗自己，所以在日常生活中要学会透过现象看本质，看的同时要多思考、多实践，正所谓“实践出真知”。

### 4. 德融教学过程

举例说明人类感知与真实图像数据之间的差异(见图12-5)，图像都是真实图像数据，不存在篡改或者故意欺骗，但是我们依然会产生错觉。然后通过上机实验，读取计算机中存储的这些图像数据，验证数据的真实性，印证眼见确实不能为实，实践才能出真知的道理。

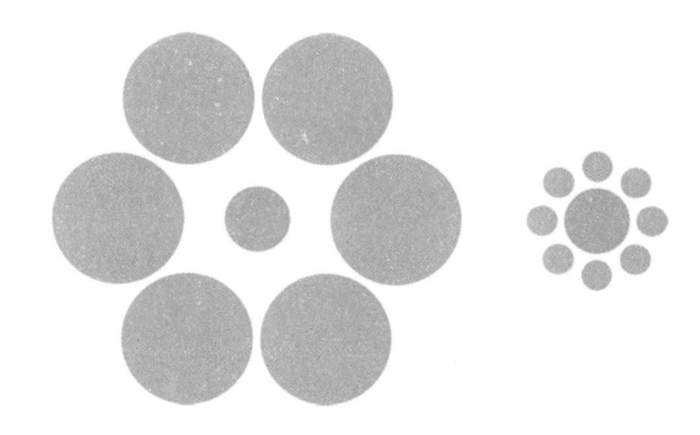

中心的圆哪个更大？ 一样大！

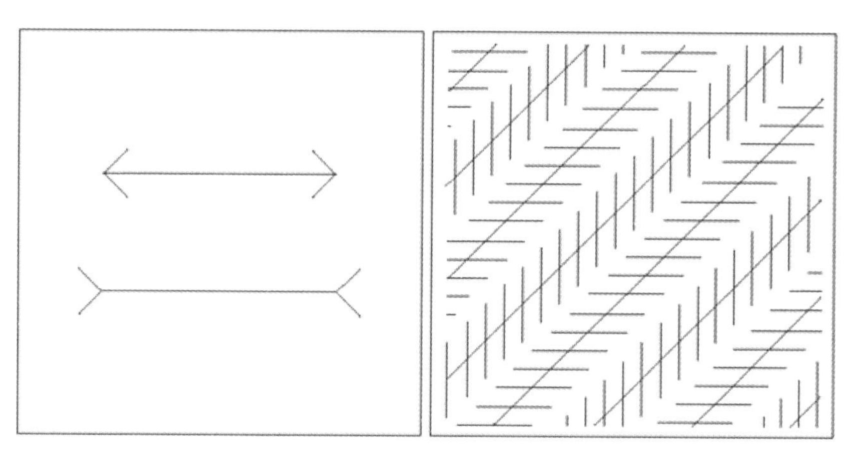

哪条先更长？一样长！　　这些线平行吗？平行！

图 12-5　视觉错觉的例子

还可以通过古人的例子为学生证明眼见不一定为实的道理。例如，大家都熟悉的“小儿辩日”的故事、孔子弟子颜回偷吃粥的故事等，都告诉我们不要只看眼前看到的场景，要学会思考。

而作为教师，更要身正为范，可以给学生讲述自己在科研工作中相关的例子。此外，在教学评价中对学生的评价也要综合全面，不要带有任何成见。

## 案例3：数字图像的频域处理

### 1. 总体教学内容

学习图像的傅里叶变换、傅里叶变换的性质，以及图像的频谱分析和频域滤波方法。

### 2. 德育切入点

傅里叶级数展开，是由法国数学家、物理学家傅里叶在1807年提出的，但是该理论提出之初却受到学术权威的质疑。

### 3. 德融教学内容

(1) 不要迷信权威，科学就是要打破迷信。

(2) 科学精神就是从事物的本质出发，研究万物的规律。

### 4. 德融教学过程

(1) 介绍傅里叶变换的来龙去脉，在傅里叶最初提出理论时，很多权威专家都反对他，其中包括拉格朗日、拉普拉斯等数学大咖，直到100年后他的论著才被重视起来。这告诉我们“不要迷信权威”，当然也不要害怕犯错，科学的本质特点就是可证伪性，是在不断地自我否定中前进。

(2) 在学习傅里叶变换原理的过程中，通过微课演示让学生理解图像频谱的物理意义。放大/缩小(远看/近看) 合成图像，看内容发生的变化，提出问题并讨论：究竟是什么在影响人的视觉判断？

结论：合成图像实际上是一幅图像的低频叠加上另一幅图像的高频得到的，即近看由高频决定判断结果，远看由低频决定判断结果，由此得到频谱物理含义。

可以看出工科学习不能只停留在公式阶段，要去了解它从真实物理世界的提炼过程，这样才能从本质上理解，才有可能应用它解决实际问题。

科学的精神就是从事物的本质出发，研究万物的规律。作为教师，在传授知识的过程中也应该讲究方法和策略，帮助学生建立理论公式与真实世界连接的桥梁，激发学生的求知欲。

## 案例4：图像的复原

### 1. 总体教学内容

学习图像复原的基本概念、原理，以及建立图像退化模型。具体方法是学习基于暗通道先验的图像去雾算法。

## 2. 德育切入点

暗通道先验算法的提出获得了 2009 年 CVPR 的最佳论文奖，其最大的特点是思想简洁：在绝大多数非天空的局部区域里，某一些像素总会有至少一个颜色通道具有很低的值。换言之，该区域光强度的最小值是一个很小的数。图 12-6 为有雾和无雾图像的暗通道对比。

图 12-6 有雾和无雾图像暗通道对比

## 3. 德融教学内容

“大道之行在于简”，一个正确的数学模型应当在形式上是简洁而优美的，也许在开始时简单正确的模型不如一个精雕细琢过的错误模型精美，但如果我们认定大方向是正确的，就应该坚持下去，将其制作完成。

### 4. 德融教学过程

图像去雾是一个真实存在的需求，因此，课程教师从需求出发启发学生思考：用已经学过的算法可否解决这个问题？以提问回答的方式查看学生对学过的算法的掌握情况。然后引出本节的处理方法，从作者提出该算法的动机和过程出发，让学生体会到该算法模型的简洁性，相较于其他算法该算法的优势所在，并且介绍该算法现已成为图像处理类 App 的标配。

在内容讲解完成后，举例辅助说明数字模型简洁、优美的重要性：托勒密在基于地心说的基础上，建模了行星运行轨道，他用 40 个小圆套大圆的方法，精确地计算出了所有行星运动的轨迹。然而我们今天知道地心说是错误的，站在日心说的角度上，牛顿最终建立了行星运行轨道模型，仅为一个椭圆，简洁而优雅！这些例子可给予我们一些学习、研究的启示。

## 案例 5：图像处理应用实例

### 1. 总体教学内容

本教学不以教科书的内容为限，学生分组完成一个完整的图像处理实例，包括提出问题、算法设计和编程实现。实例由学生课后查阅资料后根据自己的兴趣自拟，然后跟教师讨论，调整后分组定题，合作完成。

2. 德育切入点

本章德育体现在学生完成课题的全过程。

3. 德融教学内容

实事求是、团队意识、创新精神。

4. 德融教学过程

在第一章学完后就布置任务给学生，学生可以在整个课程的学习过程中寻找自己感兴趣的题目，并自发分组建立团队，合作完成“定题—设计算法方案—编程实现—整理报告和PPT讲解”的整个过程。“课题驱动”和“合作研究”的方式，可以更多发挥学生的积极能动性、团队合作性，以学生为主体，教师为辅助，锻炼学生的科学研究能力。在课题完成的过程中，要本着实事求是的原则，杜绝抄袭和伪造数据，教师也要从自身做起，在班级中营造诚信的学术风气。

## 四、教学效果

通过在课程中融入相关的德育内容，取得的教学效果总结如下。

第一，学生的学习态度有了一定转变。学生反映，以前主要关注点集中在知识本身，现在会在学习过程中思考前人是怎么做的，我为什么要这么做，目标明确了，学习也有了动力。

第二，学生在该课程的学习过程中从事物的本质出发，发现科学原理中的哲学意义，发现了思考的快乐，找到了学以致用的方向，提高了学习兴趣和积极性。同时，也树立了学习的信心。

第三，增强学生的使命感、责任感，从科学的角度理解个人与社会之间是一种既有区别又相连的关系，是一种共生共存、辩证统一的关系。懂得依靠自己所学，承担社会责任是其实现自我价值的必由之路。

# 电化学基础

## 一、课程基本情况

“电化学基础”是面向材料科学与工程学院材料化学专业(理科)本科生的一门专业主干课程，本课程共 2 学分，32 学时，在大三上学期开设。电化学是物理化学的一个重要组成部分，它不仅与无机化学、有机化学、分析化学和化学工程等学科相关，还渗透到环境科学、能源科学、生物学和金属工业等领域。同时，鉴于材料学院在新能源材料研究方面具有良好的基础和积累，以及有相关学科支撑，因此开设此门课程，以期拓宽同学们的知识面，使其掌握电化学的基本概念和规律性的结论，了解电化学科学研究的思路和手段，为后续课程学习提供必要的基础知识。在德融课堂方面，有意识地加强思维习惯的培养和融会贯通的能力，提升大学生的科学素养。

## 二、德融教学设计及内容

电化学是一门古老的科学，从1799年发明第一块伏打电堆算起已经有超过200年的历史。在这漫长的发展历程中，电化学逐渐发展出诸多研究分支，研究涵盖的内容包罗万象，因此按照课程内容的关系将主要内容分为三个层次：第一层，电极体系部分，介绍电极体系的“三个基本组成部分”，即电解质、电极，以及电极/溶液界面；第二层，电极过程部分，概述“三个基本组成部分”组成的完整电极体系的极化，电极过程的五个基本步骤，并重点学习液相传质步骤和电子转移步骤； 第三层，系统应用部分，探讨不同电极体系组成的电化学系统的应用，主要讲解气体电极过程、金属电极过程，并简要介绍稳态/瞬态测试方法。课程内容带有明显的分—总—分的结构特点，不同层次的内容也带有不同的特点，结合这些特点就可以很方便地开展德融教学的设计。

具体教学过程中，在内容电极体系部分，主要用来加强同学们的形象思维能力和细微处观察世界的意识；电极过程部分的内容逻辑性强，连续过程中有很强的因果关系，因此特别适合进行理工思维的培养；系统应用部分的总体性强，微观宏观兼备，适度融合形象思维和理工思维的内容，以提高同学们的科学思维。具体来说可以细分为如下三个部分。

第一部分的内容为绪论。该部分起到总领大局、引入课程的作用，具有很强的思想性、趣味性，但又不缺乏学术性，用于加强形象思维，如通过介绍科技发展对社会进步的意义、电化学在实际生活中的应用、水及溶液在分子水平的存在状态与人类健康等内容，使得同学们形成尊重科学、崇尚专业精神的形象思维。在其他章节，例如电极/溶液界面结构与性质部分，在讲述能量转换过程中培养同学们的节能环保意识，在讨论双电层结构部分培养细微处看世界的意识。

第二部分的内容为电极过程。在液相传质步骤及电子转移步骤等章节讲述过程中进一步培养从微观看世界的思维，通过成语“见微知著”背后的故事引入，使同学们乐于汲取古人智慧，在宣扬中国传统文化的同时也通过一些自然现象，如 HCl 气体不显酸性、球墨铸铁不容易锈蚀是因为内部碳素呈球状分散等生动的实例，使同学们重视从各个角度尤其是微观的角度去思考问题；在双电层结构等章节中必须使同学们意识到吸附、反应平衡等平衡过程的本质是动态平衡，为了正确地理解这些自然过程，必须在同学们头脑中建立正确的随机过程、误差分布的统计学图像，养成从动态的观点看待平衡过程的习惯。此外，在这部分内容中很自然地引入统计学中的大数定律，以及对大数定律的曲解——赌徒谬误，及时打消侥幸心理，防止同学们掉入博彩业的漩涡，这也是通过科学素养的培育来弘扬社会主义核心价值观，传递正能量。

第三部分介绍了系统应用。在本部分的讲解中特别注意对前文的回顾，养成总结反思自己的习惯，这样才能不断进步。这一习惯对学习、生活、工作同样重要。同时，各种电极过程及稳态瞬态测试方法本质上是对前文基础知识的总结应用并加以提高，因此在这部分内容的讲解中需要特别注意各基础知识之间的逻辑关系，以及不同过程、不同规律之间的因果关系。正确的形象思维和理工思维都是科学思维，通过反复的逻辑推理、因果论证养成科学思维习惯的意义不言而喻，在一个知识点、一节课，甚至一个章节中融入科学思维培养的内容并不难，难的是形成具有再现性的科学思维，因此对科学思维的培养必须贯穿课程甚至跨课程的教学过程始终。

## 三、教学方法及手段

为了达到德融教育自然融合的目的，在教学过程中要以学生为主体、教师为主导。学生是课堂的灵魂，在当前的条件下学生获得信息的途径越来越多，知识面越来越宽，因此对课堂的专业性提出了更高的要求。如何丰富这些灵魂，使课堂不陷入枯燥乏味的窘境对教师来说是一个挑战，因此需要对教学方法和手段加以设计。在这门课中，我们以传统的讲授法为基础，辅以案例教学法和启发式教学法，积极开展理实一体教学法的探索，并结合学科发展前沿提高课堂的趣味性。这一方法收到了不错的效果，具体示例如下。

## 实例一：电子转移步骤动力学内容的讲解

首先，通过“H、O、Fe 系元素及含氧负离子参加的电极反应，是由于电极反应缓慢造成的极化”这样一个示例来引入问题，阐述章节的必要性。

其次，回顾前面章节的“液相传质动力学”内容，通过总结对流、扩散、电迁移三种液相传质方式的特点，得出在溶液中含有大量局外电解质时电化学反应速度与电极电位之间的指数关系无法得到合理解释，进一步强调本章内容的重要性。在此过程中，特意运用启发式教学方法，引导同学们有条理、有逻辑地总结回顾的内容，不但加深记忆而且锻炼了同学们的分析总结能力。当然，这么好的机会是不应该忽略强调反思的重要性的。

最后，利用“电极过程概述”中讲到的“电极反应可以看出是一种特殊的异相催化反应”的相关内容自然过渡到催化反应的特点，结合物理化学课程中反应速度与反应活化能之间的关系的知识点，提出并展开讲解电极电位对反应速度的影响，明确分配系数的概念，结合图示详解推导过程。在这个过程中，特别要求思维清晰、逻辑明确、因果有序。

从这个示例我们可以看出，要辩证地看待文科思维和理工思维融入的内容安排和技巧。在问题引入部分通常加入一些文科思维的内容，利用文科思维注重的道德和美感来感化同学们的心灵，使得科学精神、科学意识深入到同学们的骨髓里。在知识点的讲解过程中要特别注意内容的逻辑性及各部分之间的因果关系，通过对以往内容的回顾进行对比分析，提高同学们分析总结的能力，养成反思的好习惯。同时，注意从微观的角度、动态的角度分析问题。当然，少不了对数学的强调，数学中的逻辑性，统计学中的概率理念都是理工思维必不可少的因素，也是讲授内容层层递进、深入发展的桥梁。总之，就是在讲解过程中灵活运用案例法、启发式教学等手段注重理工思维的培养，一以贯之，帮助同学们形成科学的思维习惯。

## 实例二：介绍学科发展前沿

结合学科发展前沿提高课堂内容的趣味性，增强同学们的荣誉感、使命感。在当前科技快速进步的形势下，每一个理工科课题、方向、学科都在快速发展，都在有形无形中影响着我们的生活。很多内容、现象甚至都来不及引起人们的广泛关注和总结就已被人们接受，可以说很难量化具体某个学科的发展对人类做出的贡献。而对一个本科生来说，科技论文还是高不可及的、神圣的，因此如果选择合适的论文作为课堂素材将在无形中增强课堂的说服力。因此，在电化学体系部分的讲解中，我们就结合了一篇很切题的论文“三维多孔中空纤维铜电极的研究”来进行讲解。通过二氧化碳还原系统的讲解让同学们理解电化学系统的组成，尤其是对鲁金毛细管的讲解充分表达了科学研究的严谨性，提高了同学们的科学意识；通过对实验参数的分析，讲解实验结果所表现出的惊人能力，提高同学们的学科认同度和荣誉感，非常直观地告诉他们科学研究的意义，让同学们怀着敬畏之心来参与课堂学习，效果比单纯地说教要好得多。

## 四、教学效果

曾经有一段时间读书无用论盛行，“混毕业”的思想也在大学生中间暗潮涌动，这种想法至今仍在影响着班风学风的建设。此时更需要任课教师们以严谨求实的态度言传身教传递正能量，感化青春懵懂的同学们。经过几年“德融课堂”的实践发现，趣味性和荣誉感兼备的授课手段使同学们真切地感受到科学素养的重要性、普遍性。在日常学习中能明显表现出逻辑思维的提高，辩证看问题的习惯也在逐步养成，这些令人欣喜的润物细无声的变化还体现在同学们课堂学习兴趣的提高和对教师的信任感的提升。不少同学在课程的后半段仍在努力追赶教师的思路，这不就是同学们对老师无形的褒奖吗？

# 药事管理学

## 一、课程基本情况

“药事管理学”为生物工程专业中生物制药方向的必修课程，2 学分，共 32 学时，在大三第一学期开设，属于多学科交叉高度综合的实用型课程。所需前序课程知识包含生物工程、药学、生物学等一级学科的知识点，同时涉及法学、管理学、经济学的部分内容。

鉴于药品及其管理对人类的重要性，本课程主要培养学生从事药学事业所需的专业基础知识、管理法规知识和遵纪守法理念。在素质方面，主要培养学生运用国家医药管理的政策、法规，思考药事管理中可能出现的问题的能力、解决药学不良事件的能力，为社会培养道德高尚且适合药事管理相关岗位的高水平人才。

# 二、德融教学设计及内容

## （一）德融教学设计

根据药品的研发、生产、流通、使用四个环节，把同学们分为四个兴趣小组，在课堂上讨论结合课下微信群讨论上述四个环节的药品不良事件及药事管理热点问题，从德育高度深刻分析事件根源，杜绝不良事件的发生，提高社会总体水平。

在新药研发环节，重点强化科学精神、科学态度。在课堂将生物工程专业相关新药研发的基础知识串联起来，同时重点强调在品德端正的前提下，科技才能做有益于社会的事，如果研发新药的原始记录造假，则后患无穷。

在药品生产环节，重点强化团队意识、协作精神，在课堂上要求同学们模拟不同的生产岗位，如质检化验、车间工艺员、仓管等，进行生产质量的齐抓共管，让同学们面对实际问题的挑战，了解每个岗位必须以德为先。

在流通和使用环节，重点强调传统文化、社会主义核心价值观，因为这两个环节涉及面广，从业人员多。在课堂上通过介绍社会上药品流通和使用环节遇到的问题，分析其根源是核心价值观缺乏，是对中华民族的传统美德和传统文化的缺乏所造成的，从而教育学生们要做德才兼备的人。

## （二）德融教学内容

药事管理学课程中的德融教学内容安排，如表 14-1 所示。

表 14-1 德融教学内容安排

| 章节 | 知识点 | 思政元素 | 实现形式 |
| --- | --- | --- | --- |
| 第一章 绪论 | 药学事业及药事管理的概念、特点、手段；掌握药事管理学的定义、性质、研究内容；掌握药品的含义、分类；了解药品的特殊性 | 做事要先做人，国家倡导“立德树人”，好的品德优先于好的能力，有好的品德是做好专业工作的根本 | 通过展示和查询社会实际案例，老师做适当引领，让同学们分组讨论。了解这些社会现象出现的原因，通过分析了解这些案例是品德败坏导致的事故，使同学们认识到良好品德的重要性 |
| 第五章 中华人民共和国药品管理法 | 了解我国药品管理的法律、法规、规章；掌握药品管理法的立法目的、适用范围、主要内容、法律责任及其有关术语；了解相关管理制度 | 让同学们练习之后明白品德的重要性，没有品德作为基础，就会出现违反法律法规的情况 | 挑选部分药品管理细节，尤其是和品德相关的细节，课堂上老师通过分析一些违背药品管理法律法规的细节案例，使同学们对本章要掌握的重点知识有深刻的理解，同时提升德育水平 |
| 第七章 药品研究与开发的管理 | 本章要求掌握新药的概念、分类和命名；新药的研制内容、申报资料项目、新药审批程序、新药保护及技术转让的规定 | 倡导“三严三实”精神，树立脚踏实地干事的作风，而实事求是正是我们民族的优良传统 | 由于新药研发属于高投入、高风险、高回报的过程，容易引发一些从业人员作假，本章讲解过程特别强调研发过程原始记录的重要性，强调品德在新药研发方面的作用 |

（续表）

| 章节 | 知识点 | 思政元素 | 实现形式 |
|---|---|---|---|
| 第十一章药品生产管理 | 本章让同学们了解药品生产企业的概念、性质及特点；熟悉药品生产管理的经济学、管理学、法律依据；掌握我国 GMP 的基本思想、主要内容，以及 GMP 认证管理的规定和内容 | 让同学们知道药品生产事无巨细，在各环节均要求有高度的责任感，没有高尚的品德，很难将药物生产的各个细节做到位 | 通过讲解药品生产的细节，课堂上分组讨论并发言，案例中包含因为从业人员品德不够高尚，容易被腐蚀，购买了以次充好的原材料，或者把不合格数据修改成合格等，通过这一系列案例，给同学们讲到法律严惩的后果，使大家理解品德的重要性 |
| 第十四章化妆品、医疗器械的管理 | 化妆品和医疗器械的相关规定，与药品对比掌握药品的管理特点 | 进一步强化从业人员品德的重要性，以及强化从学生时代需要品德培养的观点 | 通过新闻报道的美容行业和医疗器械行业的一些纠纷事件，引发同学们思考事件本身与从业人员品德之间的关联 |

## 三、教学方法及手段

本课程德融教学的整体实施策略为从学生身边事说起，分析做好身边事所需的要素，引申到专业知识和品德需求。

### （一）联系社会实际，挖掘德育教学案例

#### 1. 通过“梅花 K”案例，讲解产品研发时品德的重要性

2001 年 8 月 24 日，湖南省株洲市药监局接到群众举报：该市

多人服用“梅花 K”黄柏胶囊后中毒住院。该药物均标示由“广西半宙制药集团第三制药厂”生产。 该产品在当地媒体大做宣传，声称能通淋排毒、解毒疗疮，治疗多种女性炎症(夸大宣传)。购买者服用几天后出现了胃痛、呕吐、浑身乏力等不良症状。经株洲市药检所抽样检验，检出该药物非法添加了四环素成分，初步认定该“梅花 K”系假药。

添加药物成分对产品研发人员而言，是要由德行约束的，因为用仪器去检测非法添加物好比大海捞针。因此只有拥有良好的品德，才能做好健康产品的研发。

### 2. 通过“齐二药”案例，讲解产品生产时品德的重要性

2006 年 4 月 22 日、23 日，广州中山三院传染科突然出现二例重症肝炎病人先后发生急性肾功能衰竭症状；29 日和 30 日，又有病人连续出现该症状。院方通过排查，将目光锁定在齐齐哈尔第二制药有限公司(以下简称齐二药)生产的“亮菌甲素注射液”上。经调查，生产亮菌甲素注射液所需要的溶剂丙二醇，是齐二药采购员钮忠仁向江苏泰兴市的不法商人王桂平购入的。该原料进厂后，化验室主任陈桂芬等人严重违反操作规程，未将检测图谱与标准图谱进行对比鉴别，便签发合格证。最终导致 13 人死亡的惨剧。

生产原料的采购、质检、仓管均直接影响到产品质量，岗位相关人员先要具备良好的道德修养，才能在生产环节上任劳任怨、不马虎、严格把关。

### 3. 通过“山东疫苗”事件案例，讲解流通环节从业人员品德的重要性

2016 年 3 月 18 日，山东警方破获一起特大非法经营人用疫苗案，疫苗未经严格冷链存储运输便销往 24 个省市，疫苗含 25 种儿童、成人用二类疫苗，总值 5.7 亿元。国务院总理李克强对非法经营疫苗系列案件做出重要批示，山东等地检察机关第一时间介入侦查引导取证，批准逮捕涉嫌非法经营等犯罪嫌疑人 297 人、起诉 68 人、立案侦查涉及的职务犯罪 100 人。

经营药品等活性产品时，有些必须严格冷链存储运输。由于流通环节涉及从业人员众多，难以监控，所以品德约束显得更为重要。同学们在课堂上深入了解这一点之后，便于从事药品流通领域的工作。

### 4. 通过“长生疫苗”事件，讲解品德高尚的重要性

2018 年 7 月 15 日，国家药监局发布《关于长春长生生物科技有限责任公司违法违规生产冻干人用狂犬病疫苗的通告》(2018 年第 60 号)。长生生物在飞行检查中被发现，在冻干人用狂犬病疫苗生产过程中存在记录造假等严重违反药品 GMP 的行为，国家药监局已要求吉林省局收回长春长生的《药品 GMP 证书》。

2018 年 7 月 22 日，总理批示，此次疫苗事件突破人的道德底线，必须给全国人民一个明明白白的交代；7 月 23 日，主席做出重要指示，长生生物违法违规生产疫苗行为，性质恶劣，令人触目惊心。

通过分析案例中品德败坏导致的事故，使同学们认识到做事要先做人，有好的品德是做好专业工作的根本。经过分析原因、分组讨论，同学们认知药事无小事，从中央领导到普通消费者都会有关联，所以从业人员必须品德高尚，不能见利忘义。

### （二）教学场景法

以 PPT 讲授、互动问答形式为主，配合章节进度穿插上机查看国家卫健委、文献数据库等网站及视频资料，使同学们沉浸在真实的药品研发、生产、销售、使用环节的场景里，让同学们通过扮演角色回答问题、按照兴趣分组讨论、课后生活作业等形式，密切联系同学们的身边事，把品德、科技和管理法规渗透到学生的脑海里和行为中。

## 四、教学效果

药事管理的一般方法是采用行政管理、法律管理、思想教育的方法来管理药事活动。本课程内容涉及知识面广，同学们会感觉学习和掌握起来力不从心。通过德融教学，以品德培养为主线，以药品研发、生产、流通、使用过程中所要求的品德为统领，让同学们融入实际环节场景中，切实为人民群众预防、治疗、诊断疾病提供药品，维护人民身体健康。与往届学生相比，德融课堂唤起了同学们学习的热情，大家积极投入课程内容的思考和研究中。

本课程以德育作为贯穿课程的主线，让同学们遵循内心的良知做事，可以加强他们对药事管理法规知识点的掌握；把课程按照日常做事的思路划分环节便于叙述，以兴趣作为引领，以品德作为约束，以作业、笔记、课堂提问、课后作业作为督促，上课过程中加强过程管理，让同学们从培养日常良好行为规范开始，理解社会讲究的是效率与公平，这加强了学生人格品德的树立，以及他们对知识点的记忆。学生上完一学期的课程后纷纷表示比以前对药事管理的内容有了更加深刻的理解，立志在以后的工作中做德才兼备的人。

# 材 料 力 学

## 一、课程基本情况

“材料力学”是机械设计制造及自动化专业的一门专业基础课，主要研究构件在各种外力作用下产生的应变、应力、强度、刚度、稳定，以及构件设计等问题。本课程共 64 学时，其中理论知识 56 学时，实验 8 学时，一般在大二第四学期开设。

在专业教育方面，要求学生能够准确理解材料力学的基本概念和定理，为后续课程及工程实践提供必要的理论知识和解决方法；使学生具备比较熟练的计算能力、理论分析能力、实验能力、抽象思维能力，能够解决机械工程领域中的力学问题。

在素质教育方面，要求学生树立正确的设计思想，培养理论联系实际、解决经济与安全之间矛盾的能力，并具备一定的创新精神。

知识与能力并重的课程目标是实施德融课堂教学的基础和保障。

在德育教育方面，我们针对课程特点，把握当代年轻人思想脉搏，注重在专业知识讲授中融入思政教育，培养学生良好的职业道德和敬业精神，热爱本职工作，履行岗位职责，成为合格的工程技术人员。同时，帮助学生树立正确的人生观、世界观。

## 二、德融教学设计及内容

基于材料力学课程的特点，以及机械设计制造及自动化专业的特点，我们在专业教学内容的设计上注重在全过程中融入思想教育的理念，在进行职业道德教育的同时深化社会道德教育，采用润物细无声的方式达到思政教育的目的。

### (一) 德融教学设计

基于以上设计思路，我们在不同章节设计了相关德融教学内容，具体设计情况如表 15-1 所示。

表 15-1　各章节德融内容设计

<table>
<tr><th>章节</th><th>知识教学内容</th><th>德融教学内容</th></tr>
<tr><td>第 1 章</td><td>绪论</td><td>责任感教育</td></tr>
<tr><td>第 2 章</td><td>轴向拉伸和压缩</td><td rowspan="2">自我修养和情商培养</td></tr>
<tr><td>第 3 章</td><td>扭转</td></tr>
</table>

(续表)

| 章节 | 知识教学内容 | 德融教学内容 |
| --- | --- | --- |
| 第 4 章 | 弯曲内力 | 责任感教育、唯物辩证法 |
| 第 5 章 | 弯曲应力 | |
| 第 6 章 | 弯曲变形 | |
| 第 7 章 | 应力状态和强度理论 | 唯物辩证法和矛盾论 |
| 第 8 章 | 组合变形 | 发现问题、解决问题能力的培养 |
| 第 9 章 | 能量法 | |
| 第 10 章 | 超静定结构 | |
| 第 11 章 | 压杆稳定 | 社会主义核心价值观 |

## (二) 德融教学内容

根据上述专业知识和相关德融教学的设计，具体到各章的教学内容如下。

### 1. 绪论部分

理论教学：本部分主要讲授材料力学的基本内容、基本概念和基本假设等知识点。本章需要设计大量案例来说明材料力学的重要性及特点，通过恰当的案例，既能满足讲授知识点的需求，又能完成德融教学工作。

德融教学：以赵州桥的案例引入。赵州桥建于 1400 年前(隋朝)，全长 64.4 米，拱顶宽 9 米，拱脚宽 9.6 米，跨径 37.02 米。自建成至今，它经历了数次水灾、战乱和地震，但是依然安然无恙。赵州桥能够如此稳固，源于它的建造者们巧妙地运用了力学知识，才使它经受了千百年来风雨的考验。而促使建造者们能够用心去设计的动力和源泉是他们的工匠精神和责任感。借此案例，教育同学们以后要热爱自己的本职工作，具有高度的责任感，才能将工作做好。

### 2. 轴向拉伸和压缩、扭转部分

理论教学：本部分主要讲授材料在拉伸、压缩及扭转时的力学问题。教学内容中涉及低碳钢和铸铁这两种材料良好的力学性能，因此教师在授课时可将材料的良好性能和人类应该具备的品质相类比，通过这种方式既让学生轻松地学会力学知识，同时也对他们进行了品德教育。

德融教学：低碳钢在拉伸过程中分为四个阶段，为了让学生更好地理解和掌握各阶段的特点，我们将低碳钢受力变形直至破坏的过程与人类遇到挫折与困难的过程进行类比，找到其共同的特点，使学生明白遇到困难不要畏缩，要勇于与困难做斗争，才能最终取得成功。

### 3. 弯曲内力、弯曲应力和弯曲变形部分

理论教学：本部分主要讲授杆件的弯曲内力、应力和变形等问题。教师可结合具体问题对学生进行责任感和唯物辩证法方面的教育。

德融教学：通过分析工程中的弯曲实例，可以发现在实际工程中，一方面要限制构件的变形，另一方面却利用构件的变形来工作。借此案例，教师可引导学生正确认识和评价发生在身边的一些热点

问题，提示学生不能盲目跟风，也不能一概否定或肯定某件事情，要辩证地分析问题。

### 4. 应力状态和强度理论部分

理论教学：本部分主要讲授应力应变分析的一般方法，在讲授此节内容时，恰逢马克思诞辰200周年，以此为契机，我们在授课过程中设计了关于唯物辩证法和矛盾论的德容教学内容。

德融教学：解决应力应变分析的问题，通常有两种方法，即解析法和图解法。这两种方法同宗同源，但表现形式上大相径庭，又各有优缺点。可借此例启发学生，在生活或工作中遇到的诸多问题可能都会有多种解决办法，我们要充分分析各种方法的优缺点，去伪存真地选择最优的问题解决办法。同时，本部分中几个公式的推导过程都是类似的，教师可演示第一个公式的推导过程，然后引导和启发学生自己动手推导后面类似的公式，可用古诗“纸上得来终觉浅，绝知此事要躬行”来鼓励他们，这样既让学生加深了对知识点的理解，又提高了其动手能力，当学生们通过自己的努力推出后续公式后，就更增加了他们对学习的兴趣和信心。

### 5. 组合变形、能量法和超静定结构部分

理论教学：本部分主要讲授组合变形、能量法和超静定问题，这些章节的问题比较注重解题方法，因此在授课过程中根据具体题目的解决过程设计德融教学内容，借机对学生进行发现问题、解决问题能力的培养。

德融教学：为了让学生更好地理解和掌握解决超静定结构问题的方法，将力法正则方程与以前学过的知识点简单超静定问题进行比较，发现正则方程的本质其实就是变形协调方程。可以借此展开讨论和论述，使学生认识到很多问题表面看似毫无联系，其实仔细研究后会发现其根本是一致的，借此可以培养学生解决问题的能力。

### 6. 压杆稳定部分

理论教学：本部分通过讲解杆件稳定性的概念和重要性，推及社会稳定的本质和重要性，进而对学生进行社会主义核心价值观方面的教育。

德融教学：通过讲解稳定性的概念和重要性，推及社会稳定的本质和重要性。强调和谐与稳定符合国家和人民的根本利益，促进和谐与维护稳定是每一个公民的责任。我们都希望生活在和谐、稳定的社会环境中，都希望国家富强、人民富裕，都希望顺利实现现代化建设的宏伟目标，那么，我们就应该从身边小事做起，为和谐稳定尽责。只要我们上下同心，各方协力，和衷共济，就没有克服不了的困难。使同学们相信，一个更加富强、更加民主、更加文明的中国必将屹立于世界民族之林。

### 7. 实验部分

本课程包含四项实验内容，结合几项实验的特点，可进行如下德融教学内容的设计，具体内容如表 15-2 所示。

表 15-2　实验部分德融教学设计

| 实验名称 | 教学内容 | 德融教学内容 |
| --- | --- | --- |
| 拉压实验 | 使学生掌握实验的基本方法和操作，进一步了解材料的拉压机械性质 | 责任感教育、挫折教育 |
| 扭转实验 | 使学生掌握实验的基本方法和操作，进一步了解材料的扭转机械性质 | |
| 弯曲实验 | 使学生掌握电测的基本原理和方法 | 发现问题、解决问题能力的培养 |
| 弯扭组合实验 | 使学生掌握复杂应力状态下，应力的测试，进一步了解弯扭组合时梁的应力情况 | |

## 三、教学方法及手段

分析总结材料力学课程德融教学的整体实施策略，可将教学方法和特点概括为如下三类。

### (一) 案例教学法

德融课堂重在一个“融”字，即“德”与“知识”的有机融合，而不是生硬的穿插与死板的说教，必须针对具体教学内容的特点设计“融案例”。例如，在低碳钢拉伸过程中，按其特点可明显分为四个阶段：弹性、屈服、强化、破坏。这四个阶段与人类在受到挫折时所表现出来的一些品质比较相似,即人类往往也具有这四个阶段：坚持、屈服、坚强、崩溃。通过这个案例，加深学生对低碳钢拉伸过程特点的印象，又能设计德融内容，对学生进行挫折教育。

## (二) 问题教学法

教师在上课过程中可能会遇到一些突发事件，如停电、U 盘或电脑故障、督导组听课、学生手机响、学生大声说话或吃东西等。处理这些突发事件的方法恰当与否直接影响着授课质量和老师在学生心中的形象。所以，授课教师在备课时必须对这些情况做出预案。

为了处理突发情况，教师在备课时应做好两手准备，正常情况下怎么讲课，停电了、U 盘坏了怎么用板书讲课，督导组听课时怎么讲课，这些都要写进每次课的教案里。这样备课，教师就不必担心这些突发情况了。对于学生手机响、大声说话或吃东西等经常发生的现象，也要事先做好预案，当然也要根据具体情况具体对待。

## (三) 暗示教学法

德融授课不仅仅体现在语言上，更要体现在行动上，正所谓身教胜于言传，一位老师在语言上说得再好，但是如果不注意自己的言行，对学生的所有说教都会变成徒劳。因此，教师必须注意自己的行为举止，从小事做起，用自己的实际行动感召学生、影响学生。

授课教师应该做到以下几点：提前 15 分钟到教室、保证课程资料齐全、课前关手机等。这些虽然都是小事，但教师坚持把这些做好，就会向学生传递一种信号："我上课是认真，是用心的。"长此以往，就会对学生产生潜移默化的影响，使学生学会认真对待学习、工作，以及每一件事情。

## 四、德融教学效果

通过一学期的德融课堂教学，使学生对自己所学专业的特点更加了解，学习目标越发明确，学习更有动力。在期末考试中，材料力学一科的及格率几乎达到100%，较上一届学生有了非常明显的提高。

学校组织的学生评教结果显示，同学们对该门课程和任课教师的认可度非常高。在期中教学检查中，教务处公布的本课程到课率抽查结果为100%；学期后半段，更是吸引了其他班级的学生前来听课，最高到课率甚至达到120%。学校和学院督导专家听课后都对本课程的德融教学效果给予了高度评价。